江南美丑

孙玉阳传

张 帆
单跃进 唐燕能
* 主编

忻鼎亮 ◎ 著

 上海人民出版社

孙正阳

孙正阳饰演《挡马》之焦光普

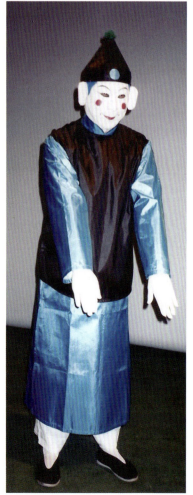

孙正阳饰演《试妻大劈棺》之"二百五"

孙正阳饰演《拾玉镯》之刘妈妈

孙正阳饰演《审头刺汤》之汤勤

孙正阳饰演《黑水英魂》之别科夫

孙正阳学生时代饰演《法门寺》之贾桂
念状

孙正阳饰演《法门寺》之贾桂

孙正阳饰演《小放牛》之牧童

孙正阳饰演《秋江》之艄翁

孙正阳饰演《凤还巢》之程雪雁

孙正阳与梅葆玖合演《凤还巢》

孙正阳与马长礼合演《凤还巢》

孙正阳幼年与长姐孙君萍(左一)

孙正阳、筱月英夫妇结婚照

孙正阳与作者忻鼎亮

孙正阳与"菊坛名家丛书"主编唐燕能

总序

近年来，人们开始关注和研究海派文化。

海派文化，既有内化和融入上海市民的行为做派和思想观念层面的，也有浸润和映射在文化艺术创作领域的，海派京剧便是一例。海派京剧，植根于京剧文化传统，又深受上海城市文化精神的滋养，形成了独特的文化格局和艺术品性，进而有了更强的发散作用。从某种意义上看，海派京剧是海派文化丰富发展的结晶和象征之一。关注海派京剧，对于认识和光大海派文化精神，对于正在建设中的上海现代城市文化具有启示作用。

有鉴于此，上海人民出版社与上海京剧院携手编辑出版"海上京剧名家系列"，作为"菊坛名家丛书"的一个组成部分。

上海是一座拥有丰富京剧文化传统的城市。近代以来，随着城市工商业的兴旺，演艺市场也随之繁荣，上海城厢戏园林立，班社聚集，观者如云。从皮黄戏被命名为京剧，到中国第一座新式戏院的诞生；从戏剧改良运动，到早期京剧时装戏的出现；从潘月樵、夏月珊发起成立伶界联合会，到以周信芳为代表的海派京剧艺术家群体的崛起等一系列影响中国近现代戏曲进程的标志性事件均发生在上海。20世纪初以来，上海确实地成为京剧繁盛的高地和重镇，并辐射影响全国。京津各地的京剧名伶无不以南来上海演出为荣，并大量驻留上海。南北京剧名家云集上海，相互交织交融，既催生了海派京剧风貌和风格，也形成了京剧在上海有海派与京派竞相生辉的宏大气象。新中国成立之后，上海的京剧与时代同行，与城市同步，几乎在每一个历史时期，都有其代表性的剧目和艺术家群体,乃至事件。同时,剧目、人才和观念诸多方面都在发生深刻变化。上海京剧始终延续着对中国京剧文化艺术事业的贡献。

本丛书的编辑出版,由海派京剧而起,却以"海上京剧名家"命名。这是考虑到海派京剧概念内涵的丰富性,以及"海派"与"京派"艺术门派在上海滩比肩而立,互有影响,甚至彼此浸染的实际状况,期望有较为宽阔和兼容的编辑视野。

丛书以人物传记或人物评传作为载体,以近现代以来在上海具有影响力的京剧艺术名家为对象,试图通过一个个艺术家的人生经历与艺术创作和创造的过程,通过具体生动的个案体验乃至生命历程,反映京剧在上海的交融衍变和发展的状况。根据上海京剧院的意见,第一批立传的四位艺术家为童祥苓、孙正阳、夏慧华、陈少云。

我们深知编辑这套丛书的艰难,之所以执念于此,是觉得了解我们这座城市的过往和传统,对于今天和未来的重要。

上海人民出版社

上海京剧院

序一

徐希博

日前接到忘年好友忻鼎亮的电话,告我他已完成《江南美丑》孙正阳传的写作,并邀我作序。闻讯甚是高兴,一则这是有利于京剧传承的好事,二则作者和传主都是我熟悉的朋友。为此不避年迈力衰,欣然允诺,借此谈谈我对本书以及有关京剧的一些问题的想法。

上海人民出版社与上海京剧院合作策划出版"菊坛名家丛书·海上京剧名家系列传记",这无疑是真正热爱京剧的业内外人士为之欣慰的实事,它以实录的方式给后辈留下了宝贵的艺术财富和详实的文史资料,这较之近年来耗费巨资搞一些缺少生命力的舞台"大制作"有意义得多。京剧艺术是中华民族的瑰宝,作为世界级的非物质文化遗产是需要国人精心维护和传承的。令人痛惜的是,多年来京剧滑坡的现象始终未能有效地遏制,我认为主要是传承工作做得不够全面、扎实、深入。京剧有史二百多年来,几代艺术家的创造使之成为完整的艺术体系,其中有谭鑫培、梅兰芳、周信芳等尖顶的大师超凡的创造,也有像言慧珠、童芷苓、童祥苓、孙正阳、李玉茹、张美娟等这批功底扎实的京剧中坚力量做出的不可磨灭的贡献。对于后者艺术价值的挖掘和研究似有一定的欠缺。另外,有些貌似"振兴京剧"的工作,为了配合宣传浮于表面,缺少实质内容,甚至偏离了京剧本体,造成了一定的负面效应。再者,有深度的传承不能仅局限于舞台上的体现,而是要理清整体的艺术脉络,发掘艺术的内涵。我感到,这批已出版和将出版的艺术家传记,正是对京剧传承工作作了三方面的补缺,希望能再接再厉,把这项有益之事做得更好。

本书的传主孙正阳是我儿时就相识的伙伴,我们年龄相近,自幼相识。那时,他在戏校就是个小红角,台上非常活跃。我从小就爱看他的戏,他演出总是生气勃勃,给人有新鲜感。以后,我从事戏曲研究工作,他成了丑行名家,虽然私下交往不多,但在戏院里频频见面,只是他在台上,我在台下。眼下我们彼此都成了耄耋老人,他还到寒舍造访,说起幼年之事,谈得相当会心投机。孙正阳的艺术特色,本书作者已作了详尽描述和分析,最可贵的是他的戏始终保持着强烈的时代气息,力求出新,这是他有别于其他同行的显著特点。

作者忻鼎亮是与我交往近四十年的挚友,当年在编著《京剧文化词典》和撰写《雪夜访贤》的剧本中,他都是我得力的好助手。他对京戏本身及其史料、掌故都非常熟,曾撰写过《武旦奇葩:张美娟》。此番再度笔耕,推出新的力作《江南美丑:孙正阳》,确实可喜可贺。他对孙正阳的评述,不浮于表面,层层推进,有一定的深度,显得比较理性化,可谓难能可贵。另外,他在着墨传主的同时,对京剧和社会发展相应关系的分析,见解独到。这些内容对深层次研究京剧发展史有一定的借鉴意义。最后,再次预祝这批传记作品能顺利闻世,并对在此工作中付出辛劳所有同仁们表示诚挚的感谢。

2019年3月

序二　名丑过眼录

翁思再

　　老友忻鼎亮为江南名丑孙正阳立传，嘱我为序，这就勾起我对于当年与老辈名丑交往和看戏的回忆。孙正阳有一个较长时期辅助李玉茹，《贵妃醉酒》中高力士敬酒时踢袍、衔褶、走矮步、满台飞的情景，至今历历在目。他还傍过童芷苓，那《十八扯》里的南腔北调也别开生面。印象最深的是在连台本戏《七侠五义》里他扮演的蒋平，文武兼备，活脱一只"翻江鼠"。他还有一个创造性的剧目《海周过关》，早年常见于天蟾舞台的青年专场。我年轻时较多关注武生和老生，往往嫌旦角戏太温，不够火爆，遇到这样的场子就盼望孙正阳早点出来，因为台上有他就好玩。

　　历数上海舞台上的名丑，最可道者三位：刘斌昆、艾世菊、孙正阳。刘斌昆是徽班出身，早年学梆子，因此他的表演在灵动中见质朴。他在《大劈棺》里扮演一个灵堂里的纸人，名字就叫"二百五"，只见他手举烟斗站在椅子上，长时间纹丝不动，照样能够吸引观众的眼球。主角庄周用扇子扇他，他就机械般地搬动肢体，呆若木鸡，惊为奇观。刘斌昆腹笥极宽，有一次当着我和之江老师，他特意演绎老徽调里的牌子曲，叹道这是徽班进京之前的老东西，如今都失传了呀。刘斌昆先生是一位人才学家，早年金素琴、金素雯流落杭州街头，被他发现天赋，即引导她们入了梨园行。这姐妹俩后来果然都成为大家。他老人家还曾拜名师学过中医，一度挂牌执业。直到年逾八旬，他仍然腰背硬朗耳聪目明。更具传奇色彩的是，他89岁时有一天给孙子洗完澡，还说了几句话，然后就躺在单人沙发上闭目养神，竟再也没有醒来，无疾而终……

1

和刘斌昆先生的徽班出身不同，艾世菊先生是一位受教于富连成科班的"京朝派"。他的满口"京片子"珠圆玉润，表演特别沉稳干练，给人以天真感。有一次看他傍迟世恭先生演《乌盆记》，演到张别古在公堂被打了屁股，事后包公意识是误打，就给他一点零碎银子作为赔偿，这时只见张别古仔细地清点银子，然后说："你打我五下，赏五钱银子。这么吧——干脆再打五下，凑满一两得啦！"惹得哄堂大笑。艾世菊先生善于现场抓"活哏"。有一次看他陪谭元寿演《法门寺》，堂上审案的大宦官刘瑾指着下跪的地方官赵廉问："他哆嗦什么？"艾世菊即兴回答："人家是'弹'派老生嘛！"过了好几秒钟，观众才意识到他是利用"弹"和"谭"的谐音"放噱头"，于是笑声四起，议论风生。接着舞台上的刘瑾把赵廉数落一番，说道："你眼睛里头还有皇上吗？——这话又说回来了，你既然瞧不起皇上，还瞧得起我吗？"此刻未等赵廉分辩，艾世菊扮演的贾桂先有反应，"现抓"道："老爷子，这话得这么说，他既瞧不起您哪，那么他还瞧得起我——吗？"他把这个"我"字念成"藕"，一边拖长音，一边摇头晃肩，趾高气扬，煞有介事，把贾桂狐假虎威的奴才嘴脸刻画得淋漓尽致、入木三分。

还记得有一次王元化先生怀念起他早年看过的丑角戏《老王请医》，嘱我向艾世菊先生借来这个剧本。这是一个手抄本，元化老师要参考它写东西，可是几次动笔又停下，一拖就是大半年。那时艾老年近九十，有一次碰面时我主动打招呼："我还有一件东西没还您呢？"他立刻回答："记得，《老王请医》。"艾老在舞台上可谓于憨厚中见机趣，这种反差也反映在生活中，看似木讷，但"肚皮里唧唧清"。

如果说刘斌昆古朴，艾世菊经典的话，那么孙正阳则另有一功，称得起"鲜活"二字。他的演出经常带来新鲜的信息量。除了《智取威虎山》里的栾平、《磐石湾》里的特务"08"外，他还在《黑水英魂》里扮演过一个俄罗斯的匪帮分子，名叫"别科夫"。记得他翘着八字胡蹲在匪帮队伍里一边走矮子步摇头晃脑，一边交替着朝前踢脚，那场面特别生动滑稽。传统戏《拾玉镯》原本整体格调不高，刘媒婆被演成老不正经的皮条客。而孙正阳则对传统演法有所取舍,着力于塑造这个彩旦角色的古道热肠、成人之美,遂使全剧成为一出美好的爱情喜剧。与此同时,他的表演仍不失活泛和有趣,可谓"谑而不油,谐而不俗"。丑行角色是给观众带来欢乐的,而孙正阳所带来的欢乐尤其健康。他身上刻有新时代的印痕。

是为序。

己亥年春节

目录

1

第一章
耀眼童星

一、家庭熏陶

二十世纪三十年代的旧上海,有个称为"马立斯"的地域非常出名。它位于今人民广场以南,武胜路、大沽路、重庆北路、黄陂北路所围街坊周围一带。那里也曾多有戏院、游乐场等娱乐场所,也是旧上海艺人们集中居住的地区。"马立斯"的得名是因为二十世纪初,两代英籍爱尔兰人亨利·马立斯和戈登·马立斯的在此创业,因而以其命名。父子二人从事赌马业而发了财,就在这一带开发房地产,"马立斯别墅"(瑞金宾馆内)、"马立斯公寓"(武胜路429弄重庆新村)等优秀历史保护建筑留存至今。正因为他们父子以跑马游乐业起家,所以这一带娱乐业也就特别繁荣。艺人们集居于此,其中京剧演员尤多,这里也是本书的主人公孙正阳的诞生地。

1931年农历八月十五日中秋节,孙正阳就出生于此一个贫苦家庭。父亲孙永强是河北玉田人,早年来上海打工谋生,在静安寺百乐门舞厅当服务人员。母亲孙丁氏操持家务,生有四男一女。孙正阳是家中最小的儿子,因生年属羊,起名叫孙小羊。当时外地来上海谋生的多为穷苦

孙正阳故居

的下层贫民，孙家也不例外。孙老先生的工资微薄，家中人口多，除五个子女外，同住的还有一个养女（名须生汪正华的母亲），住的是沪光电影院对面一处连下水道也没有的弄堂房子，生活相当艰苦。孙正阳出生时，孙家父母因穷困甚至差一点都不想要这个儿子了。也许是生逢吉日，小羊又生得十分可爱，很小时就显出聪明伶俐，深得父母宠爱和兄姐们的呵护。即便如此，童年时代的艰辛生活还是给年幼的正阳留下了难忘的回忆。

三十年代前期，军阀混战基本平息，民国政府实现了统一，经济渐趋好转，呈现出较好的社会状况。随之，文化艺术也显现了相应的繁荣，特别是京剧艺术领域人才辈出，发展正处黄金时期。娱乐业的兴旺给穷人家留出了一条可行的谋生之路，经济条件差的人家往往会选择让孩子学戏，以便尽早地挣钱养家。只要孩子的容貌、嗓音条件比较优越，且肯咬牙吃苦练功，还是有相当的出人头地的机会。孙家的几个孩子都选择了这样一条择业之路。也许因为家住在"马立斯"地域，周围的戏院、环境和艺人们常交往的影响，孩子们对学戏都挺有兴趣。长姐孙君萍幼年时便拜师学艺，不久即能登台演戏，在杭嘉湖一带搭班子演出，青衣、花旦戏均颇受欢迎。大哥孙耀敏专工武丑，后与孙正阳同为上海京剧院演员。二哥孙复志、三哥孙正田均从事京剧工作。二哥后去了台湾，三哥为上海京剧院老生演员，后从事专职编导。

小羊从小就跟随长姐，在江南水乡跑码头演出。似乎他生

与长姐孙君萍（左一）

来就与舞台有缘，年纪虽小，却从不怯场。有时演出缺个小猴或其他小角，他都能自告奋勇地顶上，戏班里大家都很喜欢这个伶俐的小孩。孙正阳最早正式上台演出时年仅五岁，演出剧目是《小放牛》，他扮演牧童，与他同台扮演村姑的是个十来岁的小姑娘。他天生具有表演天赋，一个毫不懂事的孩子，居然记住了所有的台词和相应的舞蹈动作，顺顺当当地把一出戏演了下来。倒是与他同台的小姑娘，紧张得忘了词，小羊竟然还能当场给对方提醒。正因为这一次的出色表演，好像是给定了性，从此他与京剧丑行结下了难解之缘。当然这是被动的，小羊自己并不喜欢这个行当，如果命运可以自己做主，可能上海京剧界会多了一位出色的老生或武生名家，但风格独具的江南美丑恐怕在京剧舞台上再也找不到了。

有了第一次突破，小羊在戏班里更显活跃，能学则学，能演则演，先后学会了许多唱段：有老生唱段《打严嵩》《追韩信》，花脸唱段《丁甲山》等，还常演一些娃娃生戏，如《三娘教子》《天雷报》，甚至还学演了丑角独有的《拾黄金》等戏。小羊从小就有很好的舞台感觉，胆大，上台不慌，且聪明活泼，有极强的模仿力，很快就成了受观众欢迎的小童星。后来他又随姐姐到南京、广西等地演出。就这样，天天看，不断练，经常演，小小的年纪竟在舞台上熏陶了三四年之久。更难能可贵的是小羊对艺术从小就有自己的见解，虽然他演的是丑角，但他天生爱美，最不愿意把丑角演得很邋遢。有一次他演《小放牛》，化妆师没把

孙正阳童年时代

他的鼻子画好，他嫌难看，哭闹着不肯上台，直到洗净了脸，重新给了他一个满意的装扮，才肯继续演出。

孙正阳幼年期间京剧的启蒙主要靠家庭的熏陶、长期的戏班跑码头生活，还有周围环境的影响。于是，这样一个有很好天分的童星，走上了发展前景广阔的从艺之路，最终成为享誉九州的杰出艺术家。这一现象在京剧界有一定的普遍性，回顾前辈成名的艺术大师们，他们的起步大体分两类：一类是出身梨园世家，家境良好，经名师调教，如李少春、谭富英、言慧珠等；另一类是出身贫苦，从小以戏班当学堂，勤看、勤学、勤演，全靠自身努力，开创一条艰辛的道路成名，这类名家有盖叫天、荀慧生、赵燕侠、关肃霜等。孙正阳以及许多在南方享誉的名家大都经历同样的途径，艰苦地修成正果。坎坷的经历练就了他们顽强的意志和克服困难的韧劲，这一点是现在这一代的演员们无法比拟的，这种精神也是值得后辈们永远学习的。

二、戏校生涯

1939年，孙正阳八岁时，正逢上海戏剧学校建校招生，这正是进一步接受深造的好机会，孙正阳和他的三哥孙正田一起报考了戏校。他是报考戏校的第一批考生，按年龄尚不够格，因为戏校招生公告的要求是十到十三岁的学生。但他聪明伶俐，会唱的段子很多，而且毫不怯场，明显具有相当的表演天赋，深得大家的喜欢，于是就被破格录取了。从此，他开始进入了正规的从艺之路。在讲述孙正阳戏校学艺生活之前，很有必要重点介绍一下上海戏剧学校，这是中国京剧教育史上非常重要的一节，也是孙正阳能成为一代名丑十分必要的先决条件。

上海戏剧学校筹建于1939年，创办人是当时上海工部局华董兼中法大药房总经理许晓初先生。许先生是当时主持四十余个单位的大企业家，但又是一个爱国人士，年轻时曾积极参加"五四运动"，当时虽身在沦陷区，总想为国家做点实事。他又是一位京剧痴迷者兼研究家，他自己曾这样说："在上海我虽然有那么多事业,不过为工为商,都不是我的兴趣所在……我极爱平剧,我认为平剧是一种极高的艺术……实在讲它并不是北平的特产,为什么在南方不可以也训练一批平剧人才呢?"这一想法得到工商界、知识界和京剧票界的广泛赞同,不少朋友积极相助。这样,由林康侯、袁履登、王晓籁、江一平、许晓初组成校董会,陈承荫为校长,关鸿宾为教务主任,俞云谷为总务主任,倪慰明为校长助理的上海戏剧学校于11月8日正式成立了。校址设在白莱尼蒙马浪路(今马当路)41号,学制为七年,免收学费,不提供食宿,学生一律实行走读。

这所学校与以往的京剧科班有所不同,有较浓的文化气息。校领导基本上由文化人组成,许校董、陈校长、倪助理均为复旦大学毕业生,皆有很高的文化素养。学校文化课由倪慰明负责,设有国文、常识、算术、历史、习字等必修课,按程度分班,每天下午四点到六点,借学校旁边西扬小学教室上课。学校的教学理念很重视学生的气质培养,包括道德修养和艺术修养。学生入校后,学校就请一位"理教会"的老先生为大家举行入行仪式,要学生在祖师爷面前郑重承诺,诚心"在理",做一个德艺皆优的艺人。在学艺方面,强调给学生讲解戏理,尽量让受教者知其所以然,当然这要归功于学校认真挑选的一批好老师。当年的《申报》是这样报道该校的:"戏剧之目的原在移风易俗,正乐化育,然而一般沾染梨园习气的旧式科班出身的伶人大都并未负起此项责任来。……上海戏剧学校就是本此原则而产生的,他们舍旧式科班之短,而兼采新制学校之长,创办至今,成绩已斐然可观了。"

关鸿宾主任是戏校术科教育的核心人物,他本身不但是一位好演员、好教师,而且是有文化、有思想,并对京剧有深度理解的研究家,对孙正阳艺术成长有较大的影响。关先生本姓奎,是旗人,本工丑角,但生旦净皆能,更有识人之才。戏校的教师基本上都由他推荐:老艺人刘嵩樵、瑞德宝(教武生)在京剧界久享盛名,瑞为前清内廷供奉;教老生的关盛明、陈斌雨为"富连成""斌庆社"的高才生;教旦角的吴富琴、陈桐云皆为一代名师;教昆曲的郑传鉴、朱传茗均是传字辈名家;还有花脸

与陈斌雨先生合影：孙正阳（前右）、汪正华（后右一）

教师梁连柱，丑角兼老旦教师罗文奎，武功教师王益芳、沈延臣，场面教师王燮元等，都是成就卓著的业内佼佼者。他们不但本身造诣高深，而且基本是正宗京朝派。这使得该校的学生根基打得正，普遍具有相当好的基本功。戏校虽然地处上海，却没有什么海派痕迹。给学生们选择的开蒙戏皆为京昆传统折子戏，强调基础扎实，路子严正，这一点上完全继承了"富连成"、中华戏校等成名科班的优秀传统。

戏校成立后，第一件大事就是招生。在上海办较大规模的京剧科班还是史无前例的事情，在社会上也引起了一定的反响。据说当时报考的人数有数百名之众，大多数是家境贫苦并与梨园行有些关联的子弟。12月4日发榜，首批录取了七十余名学生，男生四十余名，女生二十余名，孙小羊的名字赫然在列，同时被录取的还有顾正秋、关正明、张正芳、王正堃等日后成为大牌名角的学生。

学校非常重视学生的基础培养，为了使学生在唱念和形体训练方面打好基本功，校规做了如下规定：第一，所有学生在校期间必须说北京话。因为上海的学生很多都是各地逃难来沪的难童，各种乡音都有：顾正秋是南京人，关正明是杭州人，张正芳是苏州人，薛正康是广东人，只有孙正阳、王正堃、景正飞等少数几个说北方话的孩子。要所有的学生在短时间内都说好北京话是有相当难度的，所以必须做这样的强制规定。当然在这点上，孙正阳是不存在问题的，但也正因为这样，他丑角的名分从此确定，再难更改了。第二，男生进校后，除练毯子功外，需始终穿上厚底靴，女生需一直绑跷。这项规定相当苛刻，也正是如此，这批学生很快就在台上有模有样，无一人有"老斗"的样子。

孙正阳入校后，由于长得伶俐乖巧，又说得一口好京片子，被关鸿宾先生一眼相中。关先生认定他是一个丑角的好材料，确定作为大丑培养。说实在的，他开始确实内心真不愿意，认为丑角基本上演的大都是配角，在舞台上嫌俗、嫌丑，常演被称为"坏人"的反面角色，一个八岁的小孩心中不快本是常情。而且，孙家的家长也不乐意，他们认为学戏为了出人头地，演丑角"走红"赚大钱的机会太少了，从来没有见过独立挑班的丑角老板。但这些不满并不能改变现实，再加上小羊生性乐观、随和，基本上没闹什么情绪，很快就进入了角色。因为他入校前就一直泡在戏班里，唱念做打都有些基础，而且大胆不怯生，老师和同学们都觉得这孩子"挺神"，大伙儿都很喜欢他。这样的环境，对小羊来说，真可谓是"如鱼得水"。他基础本来就好，再加上学习刻苦、领悟力强，且聪明、记忆力尤好，很快就成为尖子学生，得到了学校的重点培养。

他的业师叫罗文奎（1890—1966），是清末名丑罗寿山（艺名罗百岁）的侄子，家学渊源深厚，完全是京朝派丑角的路子。罗先生教戏是丑角、老旦两门抱，孙正阳和他的大师姐朱正琴都在同一个小班，由罗主教。开始学的戏有《女起解》《法门寺》《打面缸》《荷珠配》《打杠子》等基础戏，有些段落，孙正阳在戏班里就会了。经罗老师重新规整，加上他努力地学，很快脱去了江湖戏班气，渐渐有了正规科班学生的"份儿"。另外，他在练形体功方面也很刻苦，成了文武兼优的小童星。总之，孙正阳的学习生涯始终比较顺利，老师们对他青睐有加，除了罗文奎老师的精心教导、关鸿宾老师的培养器重，还有德高望重的刘嵩樵先生的呵护。小羊经常能得到坐在刘先生膝上吃点心的特别待遇，遇到"打通堂"时，刘老先生常常会把他拉到自己的屋里，让孙正阳免受责打。以前的戏班，学生坐科如同"蹲大狱"，不少艺人回忆坐科时的苦难，常刻骨铭心。但笔者多次采访孙正阳老师谈及他的戏校生活，从未听到他"诉苦"：或许他从小"跑码头"，适应性很强，并不觉得学戏很苦；也许他常受眷顾，优秀学生的精神愉悦使他忘了物质的清贫和训练的痛苦。

其实，孙正阳单一地学戏时间并不长，入学后没多久，就正式登台演戏了。第一次正式在大的剧院登台是给麒麟童、筱翠花配戏，演《杀子报》中的娃娃生关宝。当时上海许多剧场的经理都是上海戏剧学校的校董，黄金大戏院的金廷荪、更新舞台的董兆斌等皆在其列。所以，剧场演出时如缺人可向戏校借，首次借学生演出就挑中了孙正阳。关宝这个角色戏份还相当重，有大段的反二黄唱腔，有求母不杀他的大段念白和繁重的表演，小羊居然都能在台上应付自如。演出后，得到周信芳、筱翠花两位大家的首肯，老师们也赞许有加，觉得他给戏校"挣"了脸面。此后，孙正阳就进入了边学戏、边演戏的状态。不断的实践机会加快了他艺术长进的步伐。

上海戏剧学校的教学活动安排得非常灵活，而且很强调实习演出，学生们学戏仅仅过了十个月，学校就排出了三台有质量的实习公演。因学生们的名字要见报，校董会和校领导研究决定，统一以正字辈排名（原计划将陆续招"正大光明"四届），这时孙小羊正式更名为孙正阳。这三天的演出剧目是《天官赐福》《二进宫》《九龙杯》《八五花洞》，《富贵长春》《四郎探母》，《财源福臻》《双姣奇缘》《铁龙山》。孙正阳天天出演，第一天在《八五花洞》中演吴大炮，第二天《四郎探母》中演国舅，第三天《双姣奇缘》中演贾桂。这三天是戏校在上海滩公开亮相，演出地点在黄金大戏院，"小囡们"的精彩表演轰动了全场，三天演出场场爆满，观众们好评如潮。孙正阳的表现同样可圈可点，吴大炮的矮子功，国舅的诙谐表演，特别是最后一天的贾桂念状，一字一句，抑扬顿挫，获得

孙正阳学生时代《法门寺》贾桂念状

与顾正秋合演《女起解》

孙正阳与朱正琴（左）合演《钓金龟》

了满堂掌声。九岁的孩子竟有如此出色的白口，上海的戏迷们交口赞誉，耀眼的小童星孙正阳的名字从此进入了上海观众的心中。三场"打炮戏"的成功，戏校的知名度骤然提高，上海的观众非常喜欢这批初露锋芒的"小角儿"，强烈要求戏校增加实习演出。于是每逢周三、周六，戏校的学生固定公演日场，基本都是满座。戏迷们还不满足，各大剧场在档期的空隙时，常邀请小童星们去"填这个缺"。这样，学生们的实践机会大增，艺术水平有了普遍的长进，边学边演的教学方案收到了显著的成效。戏校第一丑角孙正阳的表演也自然成了京剧观众常挂嘴边的话题，一个连椅子都不能自己坐上去的小孩竟成了小明星。直到八十年代，年近花甲的孙正阳到香港去演出，一些老观众还以此事向老孙逗乐："孙正阳我认

孙正阳与前辈研究家顾森伯合影

识你的，当年看你的崇公道，还是检场的把你抱到椅子上去的。"不久，观众们评出了戏校十大尖子学生——顾正秋、关正明、张正芳、王正堃、孙正阳、张正娟、朱正琴、景正飞、周正礼、薛正康，孙正阳名列其中，十岁的孩子成了"科里红"。戏校也日渐兴旺，新的学生不断进入，学生一直扩大到一百六七十人。

上海戏校由于条件简陋，无法解决住宿，学生们只能走读。但这也带来一点好处，学生们晚上可自由地去剧场看戏。这些孩子凭着三角形的校徽，阴丹士林的布大褂和统一的光头，只要对剧院检票的说声"戏校的"，便可免费观看各个名角的精彩演出。孙正阳对看夜戏十分积极，所有好角都不肯放过。除梅兰芳、程砚秋当时影息舞台外，其他的名角几乎看遍了，特别对李少春、李万春等青年红角的戏，更是反复观看。这样潜移默化的影响，对孙正阳艺术境界的提高起了重要作用。当然，其他同学也普遍因此得益，这点确实是上海戏剧学校成才率高的一个重要因素。

由于戏校校董与上海娱乐业的密切关系，几乎所有在上海演出的名角都要拜访戏校。这时老师们便会要求这些"大腕"，留下拿手戏，教给学生。在1940—1945年间，来校临时教戏的名角络绎不绝，例如，马连良教《火牛阵》，谭富英教《定军山》，王瑶卿教《王宝钏》，张君秋教《汉明妃》《祭塔》，宋德珠教《杨排风》《扈家庄》《金山寺》，李洪春教《截

江夺斗》《小商河》，傅德威教《艳阳楼》《铁笼山》，黄桂秋教《三娘教子》《春秋配》，芙蓉草教《樊江关》《十三妹》《得意缘》等。在此期间，孙正阳也有幸向萧长华先生学了《连升店》《扫地挂画》，向郭春山先生学了《回营打围》，这使他能近距离地直接接触国内第一流的名丑，其收益是不言而喻的。名家们所教的这些戏，基本都是他们有独到心得的看家戏，包含着很多内在的诀窍，这样的机会不是通常的科班所能得到的。学生们通过这样的学习，技艺大长，开始对戏有了深层次的理解，学到了一般学生学不到的演戏精髓。

孙正阳晚年总结在戏校学戏时体会，强调"三多"，即学得多、看得多、演得多，上海戏剧学校成功的主要关键也在于这"三多"。通常的科班，教戏都有固定的老师。没有一个科班能有这样的条件，经常能请到身负绝艺的大名家来校当临时兼职教师，而且所教的皆是京剧舞台上的精品。上海戏校独享了这份殊荣，学生在其中受益的程度也是无可估量的。对每个艺员来说，艺事的长进都离不开学习和观摩这两个环节，多看名家演出是技艺进步的捷径。这又是该校学生独有的方便。当时上海的京剧舞台是全国最繁荣的，戏校又位于戏院集中之地，晚上恰好是学生的自由活动时间。这些因素的集中为孙正阳们看"蹭戏"、长本事创造了非常有利的条件。舞台实践是演员成才的第一要素，边学边演是学生成长的最佳方法。上海戏校凭着与各剧院间的密切关系，学生实践演出的机会之多是没有一个其他科班能与之比拟的，与观众之间的互动和沟通之多也是前所未有的。这些特殊条件的集合促成了该校的成就，再加上学校对学生文化素质培养的重视、对学生创新理念的鼓励，上海戏剧学校实至名归地成了中国京剧史上成才率奇高的新型京剧科班。若将它与最有名望的富连成科班、中华戏曲学校作比较，当然后者办学年代悠久、师资力量雄厚、校舍条件完整，且处在大师、名家集中之地北京，这些长处上海戏剧学校远不能与之相比，但单就成才率这一关键指标而论，应该说是毫不逊色。富连成科班共历"喜""连""富""盛""世""元""韵"七科（第八科"庆"字辈未学完），毕业生大约七八百人。

中华戏曲学校经由"德""和""金""玉""永"五科班,毕业人数估计三百人左右。如果说,能成为公认的表演艺术家或是在京剧史上有一席之地的名家算作成才的话,粗略估计这两个著名科班的成才率在三分之一到四分之一之间。再看一下上海戏剧学校,先后在该校学习过的学生据不完全估算有一百七十余名,按上述两条标准,笔者作了大致统计,符合成才条件的计有:关正明、汪正寰(华)、陈正岩、程正泰、周正荣、王正良(祥)、沈正璜(以上老生),王正堃、刘正忠、刘正裔、关正良、钱正伦、那正鑫(以上武生),薛正康、黄正勤(以上小生),顾正秋、张正芳、陈正薇、张正芬、陆正红、陆正梅、武正霜、周正雯、贾丽云(正云)、吴蕙兰(正秀)、童正美(以上旦),张正娟(美娟)、陈正葆(以上武旦),朱正琴(老旦),王正屏、周正礼、王正余(森)、施正泉、孙正琦、郭仲钦(正标)(以上净),孙正阳、景正飞、陈正柱、李正福、崔正龙、候正仁、杨正义、张正武(以上丑),武正豪(琴师),共四十四人(还有如上海京剧院跟斗大王朱正为,浙江名净郭正发,江苏名教师董正豹,台湾文武旦毕正琳等均忍痛不计了),其中顾正秋、关正明、孙正阳等十余名已是众望所归的资深艺术家。以上统计足可显示,上海戏校的成才率实不亚于富连成和中华戏校,这也是京剧教育史上的一个奇迹。

孙正阳身处这样一个好学校,而且又是重点培养对象,成才则是自然而然的事。但要成为独树一帜的一代名丑,还需要得到一些特殊滋养,这还要归功于关鸿宾、罗文奎两位名师。罗是本师,对孙正阳的基本功有相当严格的训练,而且要求文武昆乱不挡。孙正阳的唱念做打无一弱项,这造就了他成为名家的先决前提。更难能可贵的是,他演戏非常动脑筋,每出戏都要琢磨戏理,这种艺术素养得益于关鸿宾老师的潜移默化。关老师是个文化型的戏曲教师,他的教学核心是启发学生舞台想象力和创造力。他既尊重传统,又善于打破框框,在教顾正秋《女起解》时,只是改动了一个小腔,就产生了"一声苏三惊四座"的轰动效果。孙正阳耳濡目染,关老师的思维方法、艺术见解逐渐化成了他自己对京剧的理解。当然,当初在校时不可能对此有什么深入的领悟,到以后艺术逐渐成熟,这种思维方式使他受益无穷,为他今后的艺术建树打下了理性基础。

　　戏校的学生在上海已经有了一定的知名度和观众缘,学校还想把这样的影响进一步扩大。在1943年秋冬之交,戏校师生在黄宪中副校长带队下,一百多人的队伍浩浩荡荡,开始了北上演出之行,原计划的线路是南京、蚌埠、天津,最后到北京。同学们非常兴奋,都渴望到京剧的发祥之地去展示自己的才华。但学生们年龄还太小,这样的长途跋涉有一定的具体困难,学校特许一些主要角色的家长随队同行。孙正阳获得了这样的特殊照顾,其母一同北行并负责照料学生们的生活。南京、天津的演出都相当成功,但由于各种原因,北京没能去成。当时的战乱和社会的不稳定,给幼小的孙正阳心中留下了不少阴影。这次北上也带来一些负面影响,学生前后陆续有五六十人离开了学校。这些人多为家境贫苦者,觉得既然已能搭班演出,帮学校唱戏还不如尽早自己攒钱养家。等大家从天津演出回来,学生已剩下不足百人了。

上海戏剧学校北上演出蚌埠留影

天下没有不散的筵席，到了1945年，戏校校董会资金筹措出现了较严重的问题，不少学生们未待毕业都纷纷离去，学校终于办不下去了。这年9月20日学生们在天蟾舞台举行了三场公演，也是他们入学后第981—983次演出，之后学校就宣布解散。按理说，此时正值抗日战争刚刚胜利之际，举国欢庆，理应有百业兴旺的社会景象。为什么戏校偏在此时遭此厄运呢？有关的资料和回忆几乎都对其原因讳莫如深。实际上，抗战胜利之初，全国经济状况和人民的生活并未得到有效的改善，文艺繁荣也未能随之而来。西洋文化的快速进入也对中国传统艺术有着一定的冲击，有些校董如袁履登等需要对曾为汪伪政权效力之事作出交代，这些因素的综合影响也许是戏校解散的重要原因。当然，在惋惜之余，大家更是看到了：这些童星们已经陆续成才，他们已成了中国京剧界一支不可忽视的新生力量，将在未来的舞台上展现他们的辉煌。历史已经证明，上海戏剧学校在中国京剧史上的地位是不容低估的，他们的边学习边实践的教育理念也是永远值得借鉴和仿效的。戏校存在不到六年，实习演出竟有近千场，除去第一年，平均每年演出二百场。这样的实际训练量，别说是未毕业的戏校学生，就是现在的专业剧团也难以达到，所以人才辈出的现象就不难理解了。

三、搭班锤炼

以前坐科的学生，出科后第一件事就是考虑搭班。梨园行有句俗话："搭班如投胎"，意思就是：寻找一个合适自己的演出团体是艺员创业开始最重要的事情，所以每个演员选择班社都是十分慎重的。孙正阳的第一次搭班却是非常自然，因为他们在学校时演出很多，同学间的合作相当默契，而且该校的头牌青衣顾正秋完全具备了挑班的实力，所以他成了顾正秋剧团的梁柱则是理所当然的事了。孙正阳是上海戏校唯一有很好观众缘的大丑。在校期间，顾正秋几乎所有的大戏都离不开他，在《玉堂春》《汉明妃》《双姣奇缘》《审头刺汤》等顾的这些拿手戏中，

孙正阳学生时代出演《审头刺汤》

孙的崇公道、王龙、刘媒婆、贾桂、汤勤等角色均为全剧增色不少。在关鸿宾的组织策划下，顾正秋剧团于1946年初正式成立，老生周正荣、汪正寰（华）、武生刘正裔、大丑孙正阳、小生黄正勤、老旦朱正琴、花旦张正芬、文场查长生、武场张森林等。这是孙正阳所搭的第一个班社，这一团体在学校期间就已成雏形。抗战胜利后，梅兰芳先生复出在上海美琪大戏院演出的首场戏，就是由他们作为班底。那天是梅先生和俞振飞的大轴《断桥》，他们在前演《金山寺》，顾正秋的白蛇，孙正阳的小和尚。后来梅先生的《游园惊梦》也是由他们配演的花神和云童，充满生气的年轻人的舞台风貌得到了梅大师的喜爱和肯定。当年还有一事为孙正阳始终牢记，并常对人提起。即有一次梅先生演大轴《贩马记》，孙正阳在前面演《法门寺》的贾桂，因为是和大师同台心里紧张，在念大状时忘了词，吃了一个倒好。正在羞愧懊丧之时，恰遇梅先生走过来，孙正阳当时真感到无地自容。梅先生却十分宽容，和蔼地问他几岁了，孙答十五岁。先生笑着安慰说："没关系，我在那个年龄时老得倒好。"这给孙正阳留下极其深刻印象，现在谈起，仍对大师的人品戏德敬佩不已。

顾剧团是个年轻朝气蓬勃的演艺团体，团里大多数都是戏校的同学，皆有同窗之义，彼此之间的关系相对比较好处，全团显得上下齐心，很团结。而且，他们是初生牛犊，在台上都能全力以赴，整体充满着活力。再者，他们已具备了相当的演艺实力，特别是台柱顾正秋，已是业内外公认的旦角新星。所以，该团走一处红一处，观众趋之若鹜，演出常常爆满。首次出演在南京中央大舞台，顾正秋梅程"两门抱"，演了《生死恨》《凤还巢》《碧玉簪》等好几部大戏，皆受好评，而且在与名角李玉茹"打对台"中不落下风。初战告捷后，该团便戏约不断。先是应周信芳之约在上海黄金大戏院与李宗义挂双头牌演出，接着又在皇后大戏院与谭富英同台，正式经历了上海舞台演出的大场面。然后，北征蚌埠、徐州，再上青岛永安大舞台，

顾正秋年轻时代

经历了与"四小名旦"陈永玲打对台的精彩场面。这些京剧界年轻生力军一路风光，才艺尽展，唱红了顾正秋，也让孙正阳这样的少年才俊在全国京剧舞台上初露头角，开始有了一定的名望。

孙正阳在顾剧团中的地位是举足轻重的，虽然他只是一名演配角的丑行演员，但他所演的角色，在顾正秋最受欢迎的大戏中起着关键作用。《玉堂春》是顾正秋成名的精品之作，常作为第一天"打炮戏"亮相。孙正阳在剧中"一赶三"：前演沈燕林，一口纯正的山西白及吃药面时的表演，常常获得"满堂彩"；中饰崇公道，这是他经反复琢磨锤炼纯熟之作，干净利落的白口与顾正秋精彩的演唱相映成辉；后扮禁婆，又显现了他彩旦的功力。《汉明妃》是顾正秋又一久演不衰的佳作，得张君秋精心传授。而孙正阳的王龙则是萧盛萱先生手把手所教，其中涵盖了萧长华老先生"萧派"艺术的精髓。此剧孙正阳学得十分地道，更兼他有很好的武功基础，《出塞》一场，他和顾正秋、景正飞三人的载歌载舞堪称一绝，也是当年戏校的压箱之宝。《双姣奇缘》是一部包含《拾玉镯》《法门寺》经典片段的大戏，生旦净丑全梁上坝十分热闹。孙正阳的前刘媒婆、后贾桂是其全方位展示丑行艺术的得意之作，也非常受观众欢迎，常能为全剧增添许多彩声。当然，孙正阳还有很多体现分量的出色表演，在这里就不一一列举了。总之，他能让顾正秋一生难以忘却，以致在

五十年后还邀他重演重温这些剧目，足见孙正阳当时在顾剧团中所起的作用了。作为特例，孙正阳的母亲也常年跟随剧团辗转各地，一则照料演员生活，同时也是顾老板对孙正阳另眼相看的一种表示。

顾、孙二人的合作经历了两年多，后因未能跟随顾正秋去台湾演出而分开了，这一别竟有近半世纪之久。1948年，顾正秋已享名各地，京剧界都知道这位色艺双绝的坤旦新秀了。这时，台北永乐戏院老板邀顾赴台演出，这是顾剧团成立以来遇到的最重大的"坎子"。在当年，台湾是一个很生疏的地方，大家都不大了解，况且，交通又很不方便，去了以后结果将会如何难以预测。顾正秋和关鸿宾作为剧团的当家人已经应了约，但许多团员开始犹豫了，因为生计永远是演员首要考虑的头等大事。台湾有京剧市场吗？虽然主演的包银已在合同中，但团里的其他人待遇能得到相应的保证吗？还有其他种种问题使不少人打了退堂鼓。孙正阳当时也颇为纠结，从同学情谊和合作默契的角度考虑似乎应当随同，但他从小就习惯于听命于母亲，生计和待遇当然是孙母做决定的主要因素。那时孙正阳的二哥孙复志已在台湾，从他那里传回的信息是，那里看京戏的人很少，没有什么市场，普通演员的待遇比内地低很多。这样，顾、孙的分开也就成了定局，孙正阳以应香港李丽之约的理由离开了顾剧团。从后来的结果看，对孙正阳来说应该是幸运的好事，他没有离开京剧得以生存发展的土壤，终于成了艺术大家。对顾正秋来说则确有欠缺，她后来用的丑角周金福、于金骅远不如孙正阳得心应手，以至于半个世纪后两人再度见面，顾还对孙当年的离去表示了明确的遗憾。

离开了顾正秋，孙正阳开始了搭散班生活，活跃在苏南一带，用他自嘲的话来说，是"拿着云帚满处转悠"。由于他年轻、有实力、戏路宽、台缘很好，所以还是颇受老板们的欢迎，很多人都愿意邀他。在那一时期，他傍过的名家有：称为"五大名旦"的徐碧云，生旦皆能的李慧芳，全才花旦李玉茹及初露锋芒的赵燕侠、杜近芳等。赵、杜二人与他年龄相近，皆是始挑大梁不久的新秀，刚刚走红。杜的戏传统正规，通大路，台上相当规矩，为她配戏，孙正阳自然感到顺畅，游刃有余。但赵燕侠却不同，私房的东西很多，他不但没学过，更没演过。许多时候，他必须临时"钻锅"。比如说，赵演《红楼二尤》，他需前饰薛蟠，后扮彩旦秋桐。好在他年轻、记忆力又强，在台上善应变，基本上都能较好地应付。最难当的就数伺候徐碧云先生了，他那时已久享盛名，有很多独门看家戏，如《绿珠坠楼》《二本玉堂春》《虞小翠》等。孙正阳别说是学，甚至连见也没见过。在那时，你应了该班社的大丑的活，就不能说不会，也别指望有人会教你，给你说戏，唯一的办法就是偷学、强记。而且，那时天天有演出，必须白天背戏、背台词，晚上上台"钻锅"。这样的困难，孙正阳挺过来了，还因此练就了极强的"钻锅"本领，使其终身受益。

李慧芳当年也是青年旦角佼佼者，她戏路极宽，多才多艺，老生、青衣、花旦、小生、老旦皆能演，而且演一行像一行，是个不可多得的全才演员。孙正阳傍她为时较长，转演在南京、武汉一带，彼此的感觉也相当默契。他们合作最叫座的是《十八扯》《盗魂铃》这一类的戏。这对李慧芳来说，自然是展现她"五项全能"的特殊强项。而孙正阳恰恰也是个以唱见长的全能丑角，那么珠联璧合、深受欢迎就是理所当然的事了。

一般说来，丑角特别注重念白和表演，对唱功往往比较忽视，甚至觉得只要有喉，在唱的方面黄腔跑调也没关系。孙正阳则不然，他天赋佳嗓，乐感又好，模仿力极强，所以他不但重唱，且善唱、爱唱，《十八扯》最终成了常演不衰的名作。他和李慧芳也因此保持了终生的友谊。

李玉茹是孙正阳这段时期寻找到的最佳搭档，按戏路和舞台风格来说，默契的程度更胜于顾正秋。她文武兼长，青衣花旦皆能，戏路极广，四大名旦的戏都能演，表演细腻、雅致，善揣

李玉茹演《勘玉钏》

19

摩戏理，极有创新精神。这样的艺术特点与孙正阳非常合拍，经过与李玉茹的同台演出，他的艺术境界又提升了一层。他甚至认定，李玉茹是值得他一辈子相傍的好角。（以后各章还将详细论述李玉茹、孙正阳合作的更多内容，这里就不细说了。）确实，他们的联袂为京剧舞台留下了许多不朽名作，并流传至今。计有《小放牛》《拾玉镯》《柜中缘》《贵妃醉酒》《挡马》《梅妃》《大英节烈》等。

那一时期，孙正阳除了傍一些名旦演出外，还有一些演艺境遇对他后来的艺术发展有一定的影响。1948年，他在香港与李丽演出《打花鼓》，配丑公子的竟是著名昆丑华传浩。与华传浩相识，孙正阳当然非常高兴，顺势向他学了一些昆丑剧目《下山》《问探》等。华传浩见他勤奋好学，也乐意相授，这下给孙正阳补上了昆丑的欠缺。在五十年代初，周信芳先生领班的人民京剧团在上海大舞台演出，邀他入班。孙正阳得此良机，能与周大师同台合作，演出了《打严嵩》《扫松》等传统剧目，而且还排演了新戏《闯王进京》。剧中周信芳饰李岩，孙正阳饰牛金星。这段经历使周信芳对这一年轻丑角留下了深刻印象，也为他们后来的长期同台合作开了一个好头。孙正阳还参加过全由"正字辈"同学组成的红旗青年京剧团，与关正明、王正堃、程正泰等同台合作，演出了许多传统剧目。其间，还排演了大戏《十三太保反苏州》，此剧根据《五人义》改编，孙正阳以武丑身份主演周文元，全剧十分热闹。与此同时，还编演了全本《武大郎之死》，孙正阳主演武大，给观众留下了深刻的印象。

这一阶段的搭班锤炼是孙正阳艺术继承中非常重要的关键环节，收益很多，主要可归纳为三个方面。第一，孙正阳在此期间演出实践剧增，剧目之广，数量之多，均为前所未有。而且，这样的正式营业演出已不同于学生时代的实习演出，他要时时想到对观众负责，对艺术负责，不能在舞台上留下瑕疵。面对众多的剧中角色，他逐渐懂得应该怎样进行艺术塑造，很快就成了一个成熟的丑角演员。第二，在与许多名家的合作演出中，他接触了各个流派的艺术特征，艺术境界有了新的飞跃，对京剧内涵有了深一层的理解。第三，他一直身处傍角地位，对艺术的相容性有了实际的体会,渐渐懂得了舞台合作的重要性和"一棵菜"的精神实质。这些收获为孙正阳的艺术升华做了必要的铺垫,也为他的今后创新和发展打下了基础。

四、多看,多学,多演

"看得多,学得多,演得多。"这是孙正阳总结毕生演艺经验时说的频率最高的一句话。也说明了一个最朴素的道理,艺术水平的提高主要就要靠这"三多",孙正阳是这样走过来的,其他演员应该也无例外,真正的艺术大家都遵循着这一基本的理念。在学生时代,在初露头角的搭班时期,孙正阳把全部的青春年华都沉浸京戏之中,长年无休地实践着他的"三多"。我们可以全面地回顾和考量他"三多"的程度,其中包括量度、广度和深度。

多看的内容主要是指看戏(剧目)、看演员、看"玩意儿"。京剧剧目有数千出之多,一个成熟的演员必须做到"戏熟",常演剧目要轻车熟路,冷僻剧目也应大体了解。特别是丑行演员,更应熟悉全剧,为生、旦等主角做好顺畅的铺垫和配合。孙正阳在这一时期看的戏可称极多,特别是搭散班期间,几乎天天要换戏,所以他把所有的空闲时间都用在背戏上。可以那么说,经搭班锤炼后的他,大体上能够做到对于丑角戏什么活都敢接什么戏都敢应的本领。各个挑班的老板都乐意用他,这和他戏看得多,看得熟是完全分不开的。京剧是角儿的艺术,同一出戏经不同的角儿演来就有不同的风采和不同的艺术魅力,所以多看名角,多看"真玩意儿"则是提高演员艺术境界的重要途径。当时孙正阳虽然还不满二十岁,但看过的大角儿数量之多已非比寻常,享名全国的大牌演员大多数都留在他的印象之中。学生时期在台下"蹭戏"看,饱览在上海走红的各大名角,那时仅是精彩的感性记忆,尚不能深入理解其精髓。而搭班时期在台上看,为了更好地傍好角儿,这时名家们的一招一式,甚至细微的表情,都深深地刻在孙正阳的记忆中。这与只是觉得好看的欢悦感就大大不同了，对艺术表演的内在感觉，对舞台美真谛的深层理解，这些对京剧的理性感受，在孙正阳身上日积月累，逐渐转化到他自己的表演能力上。他是一个领悟力很强，又肯动脑子力求上进的年轻演员，不断地在台下看、台上看使他吸取了足够的艺术养分，一个丑角新星就这样成长起来了。

多学的含义是指学戏、学艺、学做人。京剧演员讲究口传心授，学习不凭书本，全靠老师把剧情故事口述给学生，然后教他们如何用京剧的程式来表现剧中的人物，演绎口述的故事，这是戏校的正规教学。出科后的学习，就要花钱请老师一出一出地教，一般的演员都不能承受这样的代价，多数采用"偷学"的方法，就是在前台演出时，后台排戏时私下看，强行记，就靠这样把不会的戏看会学会。孙正阳在校学的戏很正规，学得多，也学得瓷实。搭班后，既没有时间也没有经济能力请老师教戏，主要靠"偷学"。用他自己的话来说：那时只要有小花脸的戏，他都认真看，用心学，强行记，就凭着从小在戏班练就的看"私戏"的本领，硬是把多数的丑角戏，记了下来，学了下来，打下了成为全才丑角的数量上的基础。学艺比学戏（狭义上的戏）更难，京剧艺术基础是唱念做打舞等程式化的表演手法，深层的内涵体现在塑造人物的能力。孙正阳在校期间就是尖子，基本功都打得比较扎实，唱念做打无一弱项，但塑造人物的本领主要靠搭班时期的学习和感悟。他从小在台上就机灵善变，用行里的话来说，就是"会演戏"，而且，他演戏上心，肯琢磨戏理，很有创新精神。在搭班的这几年，与他合作过的角儿的艺术倾向，大多数都和他属于同一类型，特别是李玉茹、李慧芳等，都很擅长表演刻画剧中人物内心。孙正阳就这样边熏边学，渐渐养成了演每出戏都要研究戏理、分析人物的习惯，提升了他成为优秀京剧演员的内在潜质。戏剧界一直流行着这样一句话："要学演戏，先学做人。"就是说成为一个演员，除了应有普通做人的道德外，还要有艺德，即专业演员的舞台上的道德，京剧戏班的班规对此有具体的表述。在这一方面，孙正阳的表现是有口皆碑的，这除了他本质上具有良好的秉性外，还和他从小在这一点上学习和熏陶分不开的。上海戏剧学校十分强调艺德教育，孙正阳的业师刘嵩樵、罗文奎等更是这方面的楷模。出科搭班后，他很注重在台上的协作性和认真度。无论角色大小，他只要一上台，就必定全力以赴演出光彩，为主角做好铺垫。这就是孙正阳的一贯风格，也是众多的大角儿乐意聘用他的重要原因。

在演出多这一点上，当年的同龄演员中，几乎极少有人能与孙正阳相比，更不用说现在的京剧演员了。作一个粗略的统计，当年上海戏校的实习演出有近千场，孙正阳出场次数至少应有八九百场。进国营剧团前搭散班七年，平均一年三百场算是保守的估计。这样总共算来，一个二十岁左右的青年演员，演出量竟有近三千场之多，确实令人咋舌。有这样大的实践训练，演技怎会不长？艺事又怎能不迅速提高？更何况这些演出绝不是跑江湖的草台班，而是与许多大名家同台的高质量演出。在孙正阳这段演艺生涯中，同台过的大腕有梅兰芳、周信芳、筱翠花、谭富英、徐碧云、李玉茹、李慧芳、顾正秋、赵燕侠、杜近芳、关正明等，从现在目光看，个个都是超一流的艺术大师。这样的艺术熏陶，孙正阳在其中的受益是无法估量的。而且，他十分喜爱京剧，并不把唱戏仅当作谋生手段，而是毕生的兴趣所在。再者，他既天分极好，又善于学习，很快地把这些养分融入到自身艺术素养中，迅速成名也就是自然而然的事了。

五十年代初，孙正阳虽然才刚刚成年，却已是在舞台上摸爬滚打好多年的成名演员了，在江浙沪一带颇有影响。但他的发展前景还有许多未定因素，仍然不能摆脱为生计而演出的繁忙，而好好静下心来规划一下自己的未来。京剧的丑行不同于生、旦等行当，有许多自身的特点。它在舞台上通常不以主角身份出现，历来没有丑角独立挑班的（叶盛章以武丑身份挑班是唯一例外）。它的表演比较自由，规范化的约束比生、旦相对少得多，而且流派的特征很不明显，师承的重要性和约束力也不像其他行当那么大。所以，丑角基本上就是傍角，他的成名和影响与所傍的角儿密切相关。傍角大体分傍生和傍旦两类，前辈名丑王长林专傍谭鑫培，他的《卖马》王老好、《问樵》的樵夫、《乌盆记》的张别古、《黄金台》的皂隶等均堪称一绝，谭鑫培离不开他，他也因老谭的声望久享盛名。孙正阳的特长更适合傍旦角，他的艺术成就取得主要关联着两个旦角，前期是顾正秋，后来更重要的是李玉茹（这些在以后的章节中还要详谈）。开始在舞台上相遇相识是缘分，有偶然性，后来长期磨合、研究、创新，这就是艺术相互补益的必然结果了。

第二章

自 成 一 家

一、加入国营剧团

1949年，中华人民共和国成立，社会的体制发生了本质的变化，这种影响必定涉及人们生活中的方方面面。文化娱乐圈内的艺人多数没有什么社会敏感性，他们只当作是戏台上的改朝换代，只认为不管什么人都需要看戏，谁来了就伺候谁。新政府正值百废待兴的阶段，暂时还来不及对此作必要的整顿。所以，在解放军接管大城市之初，京剧舞台上的变化还不是很明显。很快，新政府对这方面的工作就显示出空前未有的重视，它明确告知全社会："高台教化"属于政府必须监管的文化事业，也是党的宣传工作一个部分。在新中国成立前，就召开了全国第一次文代会，确定了就文艺改造的方针。军管会列出了应禁演的"坏戏"清单，有些剧场收归了国有。北京、上海等大城市多次举办讲习班，组织艺人参加学习，给大家讲明白，演戏是为人民服务的新道理。戏剧界一些有影响的人物，梅兰芳、周信芳、欧阳予倩、程砚秋、李少春等都是这些活动的积极参与者。

艺人们开始认真考虑今后的演艺生涯和生活方式了。以前，艺人的演艺活动与政府的工作职能之间的关系是相当松散的，演员由所属剧场的老板发放酬金，酬劳的多少取决于观众数量。艺人是自由职业者，他们的生活基本上与政府不相干，与其相关的仅是买票看戏的观众和演出的组织者（剧场相关人员），所以"观众是演员的衣食父母"是当时演艺界真实写照。现在不同了，戏曲演出是政府的文化工作，如果参加了国营剧团，那么演员本身就成了政府工作人员的一分子。如此巨大的身份变化在艺人们的心中引起了不小的震动，大家都开始考虑怎样适应这一新环境的变化。

那时文化娱乐的形式比较单调，主要的方式就是上剧场看戏，京剧则是其中高档的娱乐，收入属于中上层的市民经常会光顾京剧剧场。虽然，多数的京剧底层演员生活仍是很贫苦，但成名的角儿们的经济收入基本处于社会的上层，过着富人的生活。新社会新变化的到来，他们首先会考虑其实际生活水平是否会有相应的降低。对于拥护新政府、不演坏戏、接受文化部门监管，他们不能够有什么选择，唯一能够选择的便是是否参加国营剧团。平心而论，政府对艺人们的政策是非常优裕，特别对一些成名的大角儿格外关照。首先，让他们得到了前所未有的社会地位，梅兰芳当选为第一届政协委员，登上天安门，参加开国大典。周恩来总理亲自登门拜访程砚秋，以示关怀。各地名角只要主动靠拢政府，都会得到各种显示社会地位的头衔，这是以前从未有过的殊荣。在经济上的待遇也优厚有加，梅兰芳、周信芳等国家级大腕所议定的薪水远超过国家领导人，参加国营剧团的各地名角的保留工资基本上都达到了省市级领导的水准，有的还以民营公助的形式，给他们有浮动加薪的机会。甚至对一些个别艺人，还给予暂容妻妾、缓戒毒的特殊照顾。可以说，共产党政府对艺人的眷顾确实做到了极致，他希望艺人们能因此真心拥护新政府，认真演戏，创造党和政府认同和希望的文艺繁荣。这样，中国戏曲研究院实验京剧团、华东戏曲研究院实验京剧团、中南京剧工作团等国营剧团相继成立，周信芳、李少春、叶盛章、袁世海、高百岁、高盛麟等正式成为了国家所属的文艺工作者。

"戏子"成了政府工作人员，基本经济条件有了足够的保证，艺人们还在犹豫什么？为什么角儿们加入国营的踊跃程度还不够理想呢？首先，新中国成立初期，社会开始稳定，京剧市场相对较好，角儿们的实际收入仍相当可观，他们不愿过多地顾及将来。另外，艺人这一自由职业自由惯了，很不喜欢受管束，国家"禁戏"这一措施未得剧界多数认同，他们想到政府可能会对艺事再做更多的干涉，妨碍他们的艺术发展。再者，以前的京剧舞台是市场经济，演员们凭自身实力在自由竞争，观众的卖座是他们艺术成就的主要标志，其身价和地位是始终浮动着的。现在不一样了，如果你加入了国营剧团，工资就固定了，其高低就表示了上级主管认定你的艺术价值。还有，演出的票价也是上面定的，同样标志着演员的确定身价。这样，原来的竞争机制变成了官方调控机制，裁判员也由观众换成了上级领导，许多人觉得不公、不爽、不习惯。据说，当年风头正健的名武生张翼鹏就要求，他演出的票价要和其父盖叫天一样。所以，国营剧团虽然陆续成立，不少名家也做出了榜样，但愿意在私人剧团搭班的仍为数众多，社会运动的惯性力还是在起作用。

孙正阳当时虽然已是小有名望的角儿了，但从社会阅历来看，他还是一个不谙世事的大孩子。他外出演戏，自始至终一直由其母陪伴，所得的酬金全部归母亲支配，除了演戏，他什么事情也不管。所以，对于社会变化，他反应淡漠，没有什么明确想法。但有一点他十分明确，非常乐意与李玉茹同台演戏，希望与李作尽量长久的搭档。那时，他正参加李玉茹剧团在无锡演出，一个改变命运的机会降临了。他们有幸遇到了一位伯乐，他就是对南方京剧发展做出重大贡献的京剧活动家吴石坚。吴石坚，江苏沭阳人，早期就参加革命，自1942年后，一直从事解放区戏剧领导工作，当时是华东实验京剧团团长。他是个事业心极强又懂行的杰出领导人，极力想把该团打造成为实力强劲、江南首屈一指的京剧演出团体。当时，周信芳已在该团，并兼着华东戏曲研究院院长，并有陈大濩、王金璐、刘斌昆等名角相辅。但剧团缺少一个能与周院长相匹配的旦角，仅有个青衣陈正薇，是孙正阳的师妹，资历尚浅。吴石坚

李玉茹便装照

慧眼识人，一眼看中了发展潜质极好的李玉茹。论名望，李与周院长相比尚有不小的差距，论实力，李玉茹基础扎实，文武全能，年富力强，且很有创新精神，发展前景相当看好。那时李玉茹在无锡上座并不见好，南方观众看戏喜欢热闹、火爆，像童芷苓、赵燕侠那样在台上频频出彩的角儿。而李的表演细腻、淡雅，韵味内含，非常耐看。吴石坚相当看重的就是这一点，他动员李玉茹加入华东时，亲口称赞她："是一位既叫座又叫心的艺术家。"并

答应李入团后,专门为她配备一个小组辅佐演出,当然其中就考虑了他同时看中的年轻全才丑角孙正阳。李玉茹深受感动,她也是个非常看重事业,有心胸的成熟演员,虽然那时正是她能赚钱的好时期,但她更看重自己的艺术发展。自己有时隐隐地感到:如果再这样主要为经济利益去演戏,艺术水准有可能有走下坡路的危险,需要有一个静心思考总结,以求深入提高的阶段。此时加入国营剧团正是最好的选择,李玉茹不失时机地答应了吴石坚的要求,参加了华东实验京剧团。孙正阳的想法相对比较简单,用他自己的话来说:"小花脸永远离不开好的旦角,李玉茹参加,我就参加。"这样,在人生转折的关键路上,他也同样做了一个非常正确的选择。于是,他们的一些合作良好的伙伴,年轻琴师查长生、鼓师张森林就一起加入了华东实验京剧团,开始共同开创一片艺术发展的新天地。

进入了一个新的环境,虽然还是演员,还在演戏,但生活、工作方式都变了。首先,孙正阳不用为了生计,长期奔波在外,上台摸爬滚打了。他有了固定的收入,每月四百元左右。虽然比跑码头时略少了一些,但这已相当于市级领导的工资收入,而且辛苦程度减少了许多,孙正阳的内心还是有一定的满足感。另外,剧团有编剧、导演、文化老师、舞台工作人员和崭新的行头,一切剧务都不用演员操心。这样,演员只要专心演好戏,其他都很省心,孙正阳对此也感到满意。再者,吴石坚守信重诺,认真地给李玉茹配备了一个业务小组,其中除了孙正阳、张森林、查长生等一同入团的伙伴们,还有孙正阳的同学当家小生黄正勤,艺术室主任吴琛亲自出马,并同导演吕君樵、服装设计师幸熙一起帮助李玉茹小组重新编戏、改戏、设计服装、唱腔,创造了一个非常好的艺术氛围。当时团内确定重点改编、整理的是三出传统折子戏:《小放牛》《拾玉镯》《贵妃醉酒》,孙正阳在其中均担任重要角色。《拾玉镯》的刘媒婆和《醉酒》的高力士戏份都很重,《小放牛》更是旦丑对儿戏,这样孙正阳在小组中的地位骤显突出。说实在的,自从他登台演戏以来,从未有过这样程度地对戏精心打磨,因此孙正阳很认真,也很有兴趣地投入了对这几

孙正阳饰演《小放牛》之牧童　　孙正阳饰演《拾玉镯》之刘媒婆

出戏具体深入的研究。

　　《小放牛》是一出载歌载舞的小戏，剧情十分简单，描写牧童和村姑在郊外相遇互相逗笑的故事。全剧轻松活泼，曲调以河北民歌为基调，边唱边舞，台上仅花旦小丑两人，往往作为开锣戏活跃一下舞台气氛。所以，以前有名的旦角都不屑唱此戏，四大名旦除荀慧生在未成名前偶尔演过，其余者皆从不肯因此丢失身份。其他成名旦角除陈永玲、毛世来外，都基本不演此剧，更不用说拿它作为看家的招牌戏。李玉茹独辟蹊径，不但常演此剧，而且情有独钟，对村姑这一小角色有不同常人的细腻刻画。更兼有绝好搭档孙正阳，常常把这出很不起眼的戏演得掌声频频，十分热闹。这次，她把此剧作为首选，进行改编加工整理，显示了她独特超凡的艺术见解，而且得到了吴石坚的充分肯定和全力支持。此举对孙正阳来说，更是意义非凡，他首次登台就是这出戏，与李玉茹合作最成功的也是这出戏，如果继续往后追述，他的爱情重要媒介还是它，可见《小放牛》对孙正阳的一生影响何等巨大！此剧过去一直不受重视，确属剧情简单，没有嚼头。论唱，唱的不是皮黄，而是山歌。牧童和村姑两个小孩，也没什么内心刻画可言，而且全局没有跌宕起伏的剧情，没有绝活，这样的戏能列为大轴？李玉茹、孙正阳就这样做了，而且确实获得了成功。《小放牛》竟被他们俩唱红了，在其后长期演出中深受欢迎，经常位列大轴。当然，小组中所有的合作者皆功不可没。首先，他们改动了服装、扮相，牧童再不是勾白鼻的茶衣丑扮相，而是斗笠蓑衣俊扮，村姑服装更是漂亮，满台红绿相衬，非常赏心悦目。然后，再把一些庸俗低级、带有色情的唱词做了改动，完全去除了男女挑逗的低俗表演，体现了两个孩子天真活泼，两小无猜的欢悦气氛。更重要的是对全剧的舞蹈动作做了新的编排，充分突出了李、孙二人身段漂亮的特长，加快了节奏，给人以满台飞舞、美不胜收的感觉。总之，编排、演出都非常成功，而且这一版本长期流传了下来，不但在国内舞台常见，并成了出国演出必不可少的标志性剧目。

《拾玉镯》原本也是一出小戏，是《双姣奇缘》中的一折，描写孙玉姣和傅朋一见钟情的爱情故事。花旦有许多贴近生活的表演，筱翠花擅演，其他花旦常演的也不少，但极少有列大轴压台。李玉茹擅长细致的表演，对该剧很有心得，孙正阳的刘媒婆也为全剧增色不少，《拾玉镯》也成了他们非常叫座的剧目之一。该剧加工后，也做了许多有价值的改动。原来这出戏整体格调不高，孙玉姣倚门招蝶，显得不守妇道，傅朋也是一副纨绔子弟模样。刘媒婆形象更为负面，牵媒拉线被认为老不正经。改编本突出了傅、孙二人的两情相悦，刘媒婆的热心相助，全剧就成

孙正阳教筱月英演《小放牛》

孙正阳与李玉茹合演《拾玉镯》

了一个美好的爱情故事。剧中人的表演也做了相应的改变,既保留了传统的生活气息很强的精彩技艺,又提高了整出戏的品位,增添了许多内心刻画的细腻表演,去芜取精,也取得了相当成功的舞台效果。孙正阳女性化的彩旦形象创造也给观众留下了耳目一新的印象。起步非常成功,孙正阳的艺术道路前景一片光明。

二、适应新社会

对于一个京剧演员,加入了国营剧团,并要适应新的生活,首先要做观念的改变。以前的艺人很明白,唱戏就是为了挣钱养家,戏唱得越好,钱就挣得越多,就能过上富人的生活。所以,艺人就得拼命唱戏,认真唱戏,不停地增加自己的财富积累和艺术积累。现在不同了,演员是归属政府的文艺工作者,国家给了确定的生活保障,唱戏是为人民服务。说实在的,大多数演员对这新的理念是费解的,没有内心的体会和感受。一个演员演什么戏,演多少场戏,都要由剧团领导决定,演多演少和经济收入没有什么关系,唱好唱坏暂时也起不到什么直接的影响。重点培养对象也由领导确定,只有上级首肯过,才能给其创造排戏演戏各方面有利条件。不受待见的演员只能当二路,演三路,甚至常跑龙套,打下手。这样,如果对京剧艺术不是十分爱好的艺人往往会失去演戏的动力,还有一些感到不公的演员会牢骚多多,常发怨言。现实是无情的,一个新的演出管理模式形成,必定会对艺人们原有地位的升降做出调整,这样的调整是有利于巩固稳定新模式的。所以,有人得益有人吃亏是自然的事。理论上来说,得益者应为多数,这是新体制稳定的基础。吃亏者只要不是冤屈很大,大多数人通过自我调节,都接受了现实。少数像言慧珠、陈正薇等人不肯认命,未来的政治运动就让她们付出了惨痛的代价。总之,大家慢慢懂得了:听领导话,服从团里安排,少强调个人利益,这就是做到好好为人民服务了。

孙正阳应该是新体制的得益者,他是吴石坚心中的重点培养对象。

在他加入华东实验京剧团前，团里就有个著名丑角刘斌昆。他专傍周信芳院长演《四进士》《群英会》《打严嵩》《打渔杀家》等麒派名剧，早就名驰江南。论年龄、名望、艺术成就，均在孙正阳之上，但在他们刚进团时，两人的待遇相差无几。（直到后来文艺界正式定级才拉开差距，刘是文艺三级，孙是四级）平心而论，孙正阳绝不是一个斤斤计较经济利益的人，他只会唱戏，根本不注重物质享受，甚至都不会花钱，他的工资全部交给

"江南丑王"刘斌昆

母亲，自己经常是身无分文。但他非常热爱京剧，对自己的艺术发展格外看重，新的剧团很大程度上满足了他的这一欲望。他不但觉得在台上很有戏演，而且演得有长进，有效果，内心感到极为愉快。他生来随和，脾气好，在台上习惯于当配角，在台下也习惯于服从领导，从来也没有让上级为难、尴尬。团里分派的角色，他从来不计较大小，一律认真演，而且要演出光彩来。平时，他还能与同事们很好相处，人缘很好。在台上，他善于抓哏，但在台下与人相处，一句损话也没有，丝毫没有油嘴滑舌的小丑样。这样的演员，领导自然喜欢，当然也必然重用。他除了在李玉茹小组承担重要角色外，周信芳院长还亲点他在新编排的《十五贯》中演戏份很重的娄阿鼠。这出戏是他们团向浙昆学习的剧目，全按昆剧的方式演，但孙正阳可破例念京白，刘斌昆先生在剧中演戏份甚少的尤葫芦。进团后不久，孙正阳就被派出赴朝鲜慰问志愿军，参加了有梅兰芳、周信芳、马连良、程砚秋等组成的"天下第一团"，演出了《小放牛》《拾玉镯》等刚经改编的剧目，深得好评。1954年，华东地区举行戏曲观摩汇演，李玉茹、陈大濩新编的京剧剧目《铸剑》获奖，李、陈均获演员一等奖，孙正阳在其中演重要配角，获演员二等奖。这是继全国观摩汇演

孙正阳与周信芳合演《十五贯》

之后，华东地区第一次戏曲大盛会，规格很高。京剧演员得一等奖的仅
李玉茹、童芷苓等十五人，二等奖获得者仅沈金波等七人，他名列其中。
而且获奖的丑行只他一人，可见，年仅二十三岁的孙正阳已进入著名演
员的行列了。到了1955年，华东实验京剧团与上海人民京剧团合并，正
式成立上海京剧院，周信芳任院长，吴石坚主持日常工作。孙正阳也顺
利地进入了新成立的大剧团，承担主演，定为文艺四级，成了一名新中国
的高级知识分子。

　　上海京剧院是继中国京剧院之后，第二个以院为建制的京剧艺术团
体。成立之初，院下属三个演出团。当时周院长因政务和社会活动均繁
忙，且年事又高，平时较少演出，院内的顶尖演员就是李玉茹和童芷苓
了。他们各率一个团，李玉茹为一团，童芷苓领二团，三团为青年团，实
行大院小团制。孙正阳是李玉茹不可缺少的左膀右臂，自然加入一团，
平时他们经常演出的多为传统戏，也编排了不少新剧目。那时演出的传
统戏，虽然都是以前流传的经典，但大多数戏需要做一些修补。一是主

题思想的重新立意，例如《拾玉镯》，刘媒婆就以正面形象呈现于舞台；再如《三岔口》，刘利华不再是劫财害命的匪类，而是富有正义感的侠士。二是对一些不健康的台词、情节和表演进行改动，如删去了《铁弓缘》《小放牛》中的一些庸俗色情词句，从而净化了舞台。那时这项工作称为"戏改"，是对戏曲界的一项重大改革，内容定为改戏、改人、改制，是京剧发展史上一个重大事件。孙正阳、李玉茹等都是以积极投入的姿态参与了这项工作。

新政府对宣传舆论工作给予了空前未有的重视，在这方面对人们的思想教育细致到不遗漏任何一个角落。对京剧舞台演出怎样尽快地适应新的社会机制和新的舆论导向，政府文化部门是当作一件重要的大事来抓的。新中国成立之初，文化部就明文禁演了《九更天》《杀子报》等二十六出戏，其中还包括了现在舞台上常见的《探阴山》《乌盆记》；也有近期恢复的很有艺术特色的《铁公鸡》《大劈棺》《活捉三郎》。其后，政务院又根据毛泽东主席提出的"百花齐放，推陈出新"的方针，于1951年5月5日发布《关于戏曲改革工作的指示》（称为《五五指示》），提出"改戏、改人、改制"，并进一步全面实施。原来舞台上流传的戏要经过系统整理，全面筛选。具体来说，对三类戏必须动手术。宣扬封建道德的，渲染奸淫凶杀的，丑化劳动人民和农民起义军的这三类戏及其中的台词情节，有的需要剔除，有的需要改动。第一类如《九更天》《南天门》等戏被认为无可救药，《三娘教子》《一捧雪》等则要改动；第二类如筱翠花先生的一些私房戏多被封杀；第三类面更大，《珠帘寨》《铁公鸡》《刺虎》等都暂时绝迹舞台。还有许多戏界限不分明，演员们也吃不准是否能演。总之，至少一半以上的京剧剧目不能照搬以前流传的版本了。当然，艺人们多有困惑，领导就组织大家学习，提高思想觉悟，跟上新的形势。有少数不肯就范的艺人，领导和媒体毫不客气地予以点名批评，连马连良、赵燕侠这些国家级大腕也不能幸免（和宝堂先生《赵燕侠传》中对此有详细描述），像武正霜那样的小角儿更是因此压得好几年缓不过气来。不久，中国戏曲研究院集中编撰了《京剧丛刊》，加工整理了

《空城计》《挑滑车》等160出艺术价值高且流传广的京剧剧目作为范本，使演员们总算有章可循，并给大家规定了京剧艺术的精华部分。

时隔六十多年，我们用今天的理念价值和目光客观地来看当年的"戏改"，确实有许多值得反思之处，京剧界对此是各持异见，分歧甚大。以马少波为代表的一批当年京剧界导引者，对"戏改"是充分肯定的。他们在《中国京剧史》中写道："戏曲改革是旷世之举，是中国共产党的光辉业绩之一。"起调如此之高，使反对者颇难开口。但平心而论，《京剧丛刊》中剧目整理是严肃认真的，撇开政治倾向不谈，单从文学艺术角度看，水平确实比旧本提高了一个层次。剧本结构合理了，场次精练了，唱词顺畅了，也增强了文学性。许多情节和台词被大家认可并得以固定流传。例如《挑滑车》，现在的演出再也没有宋王上场了。这些都应该予以肯定。持反对意见的也为数不少，他们认为以行政命令大规模地干涉艺术活动本身就存在问题，这样已影响了京剧艺术的发展，使为数不少的艺术精品流失，更有甚者认为，"戏改"是对京剧第一次规模性的摧残。现实更能说明问题，现在，在弘扬传统文化的前提下，除个别淫荡、凶杀确实舞台形象很差的戏外，恢复传统剧目基本上没有什么政治框框了。京剧本身就是描述中国古代历史上人和事，如果对传统封建道德主体否定，那么京剧剧目能弘扬的也许只有《三打祝家庄》和《逼上梁山》了。现在的历史观与新中国成立初已有很大的改变。现在的京剧舞台，《大劈棺》《打杠子》《别母乱箭》都可以演。

当年的"戏改"，对孙正阳并没什么大的影响。因为他毕竟不是什么大名角儿，也谈不上有什么"私房戏"逾越了政治界限。他并没感受到政治压力，相反，他觉得有一些文化人帮助他们改戏，改得合理了，演出质量提高了，这样挺好。孙正阳的艺术观从来不保守，他一直认为，舞台上应该择善而从，不应有许多框框。前辈留下来的戏，不合适的就可以改，不能充分发挥自己特长的也可以改。可以说，他演了那么多的传统戏，没有一出不是经过他自己思考加工过的。确实，以官方的行政干预搞"戏改"弊处甚多，而演员们根据自己的舞台经验不断地对老戏进行加工、精炼、修改，这意义就完全不同了。京剧二百余年的发展历史就是这样走过来的，所以，"戏改"不完全合理，改戏是完全合理的。孙正阳对"戏改"的政治意义反应迟钝，但对改戏的积极性很高。直到今天笔者采访他，谈及这段历史时，他坚持认为，从他自己演艺实践来看，新中国成立后所改的戏基本上多是成功的。他明确表示：上海京剧院改编的《青石山》比原来的老本好。他还说起一次为毛主席演戏，戏码是《铁弓缘》。一位有关的领导提出质疑，认为这出戏低级庸俗，不适合演。他解释说，这出戏已经过他们认真地改编整理，内容很健康。演出时，他把陈母善良、侠义的性格表现得淋漓尽致，他创造性的跳上桌子的动作，赢得了毛主席的热情鼓掌。孙正阳在《贵妃醉酒》中高力士的表演也着实令北京的同行们吃了一惊。事情是这样的，1955年中国京剧团去波兰参加世界青年联欢节，演员基本上是中国京剧院的人马，单借了上海京剧院的李玉茹演出《贵妃醉酒》等剧目，当家小生黄正勤随同。在北京审查节目期间，李玉茹

孙正阳饰演《铁弓缘》之陈母

孙正阳饰演《贵妃醉酒》之高力士

提出要调孙正阳来助演。北京方面颇为不解，李玉茹演的都是常见于舞台的传统戏，北京好的丑角一大把，为什么非要从上海调人呢？直到大家看了李玉茹、孙正阳的演出后，谜底方解。按理说，《贵妃醉酒》是梅派代表作，梅先生已有固定的演出版本，高力士是国家第一名丑萧长华先生配演，也是定型制作，一般人都不敢做较多的改动。李玉茹是梅先生的学生，《醉酒》一剧也是乃师所授，但她的演出与师承版有较大的改动。梅先生版本全剧时长约为三刻钟，而李玉茹的演出大约一个小时，特别后半段表现贵妃醉态时，加了不少舞蹈、身段。据说这也是得到梅先生首肯的，在赴朝慰问演出中，李玉茹是新中国成立后首次在老师面前演出此剧，基本上未做什么改动，程砚秋先生看后大加赞赏，梅兰芳只是微微点头，意味深长地说了一句："不要对观众有什么要求"。据李玉茹自己的诠释，梅先生的意思是，不要因为我在台下看就刻意地模仿，要演出自己的特色来，这就有了以后她对该剧大胆的发挥。为了配合李玉茹许多创新的华丽身段，孙正阳也独创了不少新招，在给贵妃敬酒时，踢跑、衔褶子、走矮步，看起来有点"野"，但和李玉茹的表演配合的严丝合缝，相映成辉。有不少赞扬声，也有质疑声。有位北京的名丑对他说："正阳，我们在萧先生面前可不敢那么演。"事实证明，孙正阳是成功的，现在不少年轻丑角就是按他的版本演高力士。

新社会新体制的建立，所有的艺人都有一个适应过程，有的难免磕磕碰碰，诸多不爽。而孙正阳却一路顺风，并无什么不适，相反，他在其中多有得益，内心感到顺畅。在加入国营剧团时，有不少角儿犹犹豫豫，斤斤计较，最后弄得俯身屈就，甚至难找栖身之处。连言慧珠、童芷苓等大名角都历经坎坷，很不舒心。孙正阳大道简行，其实也未必谈得上有政治敏感性，而是他生性质朴、随和，计较得失少，反而倒及时做了正确选择，其后一路走顺。管理的机制改变，他也没感到什么别扭。以前，搭班"谈公事"一类的事情，孙正阳都习惯由他母亲包办，他酷爱演戏，腻烦戏外的许多琐事。现在很好，一切事务都有人代管，自己只要在台上演好戏就行，他很满意。他本习惯当配角，对剧目的选择，角色的分配素来随便，而且领导对他很重视，真心觉得自己的能力已得到了充分的展示。对于有些艺人一提到就头疼的"戏改"，孙正阳也没感到政治压力。相反，这无意之中与他好创新，喜发挥，爱改变传统的秉性颇为吻合。对一些旧有的丑角唱念表演，他本有嫌俗、嫌丑、嫌脏之感，现在正好趁机净化舞台，把自己认为丑中见美的理念和素材融入到经改编的戏中，得到了自己向往的艺术效果。国营剧团因不是把经济效益放在首位的机制，往往人浮于事，有些演员由于种种原因，受到冷落，艺事不能发展，这也是当时常见的弊端。但孙正阳没有，吴石坚重用他，周信芳看好他，李玉茹更是把他当作不可缺少的艺术伙伴，大家都喜欢这个台上认真从不惜力，台下随和难有计较的小伙子。总之，孙正阳很顺利地适应了新社会、新体制，且收获颇多，这一阶段，为他今后自成一家的江南名丑做了很好的铺垫。

三、风华正茂

从五十年代中期到六十年代初，这近十年中，孙正阳的艺术生涯可称得上风华正茂，节节上进。那一时期，京剧市场还是相当繁荣。位于市中心繁华地段，有不少大的剧场专演京剧，有天蟾舞台、中国大戏院、共舞台和人民大舞台等。还有一些游乐场如大世界、大新游乐场等均有京剧场子演出，上海戏曲学校也有个实验剧场，学生们时常有实习演出。基本上每天都有五六场戏可供观众选择。票价大体上为2角到1元，除大牌名角周信芳、盖叫天（1元8角），李玉茹、童芷苓、言慧珠（1元2角），一般剧团都在1元以下。这对当时大约每月十元就可生活的年代说来，看京戏已经属于高档消费了，一般的卖座，观众通常占场内一多半。但是外地名角来沪，剧团演新戏和连台本戏，剧院常常满座高挂。常年在上海演出的京剧团有上海京剧院、新民京剧团、新华京剧团、黄浦京剧团等。上海京剧院是实力雄厚、阵容齐整的国营大剧团，长年演于天蟾舞台。该团名角济济一堂，老生有周信芳、纪玉良、沈金波、李家载、周少麟、童祥苓、汪正华、李桐森；武生李仲林、李秋森、刘云龙、梁斌、蒋英鹤、郝瑞亭、霍鑫涛；旦角李玉茹、童芷苓、金素雯、赵晓岚、张南云、许美玲、华华、夏慧华；花脸王正屏、赵文奎、贺永华、汪志奎；丑角刘斌昆、孙正阳、王岭森、张佑福；小生黄正勤、童寿苓、齐英才；武旦张美娟、王丽君；老旦李多芬等。其余几个剧团基本属于民营公助，但演员实力也相当强劲。新民京剧团有老生迟世恭，旦角黄桂秋、小毛剑秋、陆正红，武生筱高雪樵、小王桂卿、小三王桂卿、谢英庭，净角马世啸、肖德寅，丑角艾世菊、伊鸣铎，小生王文军，该团常演于中国大戏院。新华京剧团有江南名武生王少楼领衔，老生韩锡麟、钱麟童，武生张世杰、王英武，旦角新桂秋、陈剑佩、张碧璐，武旦赵健贞，花脸王继奎、施正泉，文武老生兼净角李瑞来等，长年在共舞台以演练台本戏为主。黄浦京剧团久居大世界游乐场，主演有老生孙鹏志，武生刘宫阳，旦角张君屏、沈松丽，花脸魏朔峰等。除了这些上海剧团常有演出，外地大小剧团还频繁来献演。大牌名家齐拥沪上，有中国京剧院的李（少春）袁（世海）叶（盛兰）杜（近芳），北京京剧团的马（连良）谭（富英）张（君秋）裘（盛戎），天津京剧团的杨宝森、厉慧良，武汉京剧团的高盛麟、郭玉琨、关正明，江苏京剧团的梁慧超、王琴生、周云亮，内蒙古京剧团的李万春父子，还有中国戏校实验京剧团的钱浩梁、刘长瑜、李长春，北京戏校实验京剧团的张学津、李玉芙等一批璀璨新星。总之，那时的上海京剧舞台花团锦簇，美不胜收，直到现在老戏迷们回忆这些情景，仍是回味无穷，兴奋不已。孙正阳就在这群雄逐鹿的氛围中，凭着自己的努力，渐渐脱颖而出，终成为享誉全国的一代名家。

在那一时期，孙正阳非常忙，除了经常有出国演出的任务，还马不停蹄地演老戏，排新戏，全年三百多天，几乎天天出现在舞台上。那时，他虽然年轻，但戏路宽，会的多，接受能力强，且不挑剔，肯傍角。所以，演传统老戏基本上少不了他，排新剧目，编导们更欢迎孙正阳加盟。五六十年代，孙正阳排演的新戏非常多。除开一些改动较大的老戏新演外，在新剧目中扮演重要角色的大戏有《百花公主》《七侠五义》（头、二本)《梅妃》《澶渊之盟》《玉簪记》,以及小型折子戏《海周过关》《挡马》《柜中缘》《义责王魁》等。给观众留下印象最深的就要算《七侠五义》和《海周过关》了。

《七侠五义》是上海京剧院很值得自豪的一个新创编剧目,可称为最叫座的王牌戏。编剧许思言,导演李熙、何毓如,演员阵容:李仲林饰白玉堂,纪玉良饰卢方,王正屏饰韩彰,孙正阳饰蒋平,李秋森饰展昭,黄正勤饰宋王,刘斌昆饰三脚猫,李桐森饰包公。1957年,经周信芳院长倡议编演,演出后大受欢迎,连满半年,欲罢不能。后又编演二本,同样爆红,亦连演练满。其中孙正阳的蒋平是剧中非常突出的一个亮点。

以前在学校里,孙正阳专攻文丑,但他平时练功很刻苦,武功基础打得相当好。那时他不大演武戏,因为同学中有个很出色的武丑景正飞,包揽了武丑角色。新中国成立后,景正飞去了台湾,孙正阳就渐渐涉足武丑行当,在红旗青年京剧团就主演了武丑大戏《五人义》。加入上海京剧院后,偶尔与李仲林配演《三岔口》,与李玉茹、张美娟配演《挡马》。

孙正阳与李仲林合演《七侠五义》

1955年，在波兰世界青年联欢节，与小盖叫天合演《三岔口》，深得好评。直到他《七侠五义》大获成功，孙正阳的艺术造诣更令人刮目相看，原来他的武丑戏也如此出色，且很显个性，另有一功。头、二本《七侠五义》是孙正阳武丑成名作，他成功地塑造蒋平机智善谋，且有正气、重情义的江湖英雄形象。他年轻时期，嗓音条件极好，响堂且有磁性，白口清楚明快，好听且有乐感。他在该剧中充分发挥念白出色的特长，最后一场，孙正阳有一段精彩的数板劝说白玉堂，它夹在群雄联唱的"五音联弹"中，字字珠玑，情真意切，每到此处，观众都报以热烈的掌声。他的武功也在剧中得到了尽情的发挥。在最后一场"螺丝阁"救御猫中，他有一段走边，完全武丑风格，非常精彩。闹东京的一场中，蒋平、韩彰等都要从两张桌高的屋顶翻下。孙正阳的"台漫"轻巧漂亮，显示了扎实的功底。更可贵的是他的表演和唱念强调刻画人物内心，他面对大哥卢方，二哥韩彰。五弟白玉堂表现出明显不同的三种姿态。对心高气傲意气用事的五弟，他内心呵护，尽力阻止其越轨行为，但又要顾及他面子，用软化的语气哄，数板中一声"我的好兄弟！"念得意味深长，很有回味。对大哥卢方，他情深意厚，又十分尊重。在松林救兄一场中，他动情地念白："大哥，您纵有天大的委屈，也应该先告诉小弟，怎么能寻此短见呢？"不仅台上的卢方感动，连台下的观众也为此酸鼻。在"诓药"一场，他面对二哥韩彰，内心复杂，一方面觉得这样使诈有些内疚，另一方面又要装出对三哥病情的关切，孙正阳相当掌握分寸，恰到好处地表现了蒋平的内心。继头本《七侠五义》大获成功后，紧接着又排演了二本，孙正阳的才能又得以进一步的发挥。因内容的不同，该剧的演员阵容有了新的调整，增加了一些新的重要角色。除李仲林和小王桂卿轮演白玉堂外，赵晓岚饰七奶奶，把混迹江湖的酒店老板娘演得活灵活现；汪正华饰颜查散，浓郁的杨派唱腔令人回味；小三王桂卿饰智化，一套盖派的走边十分边式。孙正阳继续扮演蒋平，"捞印"这场重头戏演得格外火爆，除了更加繁复的武功呈现外，精彩的白口尤其不能令人忘怀，一句豪气如云的念白："要是捞不上这颗印信，我还能称得起翻江鼠吗？"久久印

孙正阳饰演《七侠五义》之蒋平　　　孙正阳饰演《海周过关》之海周

在观众的脑海中。《七侠五义》的成功，是孙正阳艺术道路中一个重要的节点，不仅使他在全才丑角的展现上又深入了一层，还充分表现出他很强的塑造人物能力。

　　《七侠五义》的连演连满，当然首先是剧本好、布景奇，满台名角全梁上坝，孙正阳的出色表演仅是其中的一分子。而《海周过关》的成功，应该说是孙正阳独占鳌头的不朽之作了。该剧原是汉剧名丑李罗克根据传统汉剧《九子鞭》改编，后成为他的看家独门戏。1958年，上海京剧院赴武汉交流演出，向汉剧名家陈伯华、李罗克学习，移植了《柜中缘》《海周过关》两出戏，后均成了京剧院的重点保留剧目。孙正阳在这两剧中均担任了重要角色，特别是《海周过关》，成了"孙派"最有代表性的剧目。该剧描写明朝刘瑾专权，诬陷忠良薄彦徽，并追杀他家小，江湖艺人海周，路见不平，出手帮助薄的家眷，逃出虎口。全剧剧情简单，主要靠丑角的念白和表演吸引观众。李罗克技艺出众，将这出小戏演得有声有色。孙正阳看后十分佩服，决心把它改编为京剧，使它成为自己的代表剧目。1959年，该剧成功上演，好评如潮，次年孙正阳演此剧获青年演员奖，从此该剧成了他独有的保留剧目。在剧中，孙正阳的

《海周过关》老剧本

武技和念白都有出色的发挥。他依仗年轻武功好，在李罗克先生表演的基础上，又加上了许多繁复的身段和武技。他巧妙地用武生"飞天十三响"的身段要九子鞭，打出了新的套路，再加上前后"铁门槛"的高难技巧，这套九子鞭成了绝活，一直流传至今。念白本来就是孙正阳的强项，在这出戏里更是充分发挥。与王仁斗口中，他念得干净有力，一句紧似一句，念道："千岁问过了，难道还没你问得清楚吗？"一下子把王仁僵在台上，被迫说出："千岁酒醉，一时糊涂"，他又趁机挑拨，接着又将了刘瑾一军："千岁，敢情您的文凭路引也没用哪，这个，您还是拿回去收着吧。"这时，台下观众鼓掌大笑，引起了很好的舞台效果。剧中，孙正阳演的并不是大英雄，而是一个民间小人物，但他把一个机智聪明、侠义肝胆、了不起的江湖艺人性格刻画得栩栩如生。真不愧是孙正阳，竟能把一出小戏演得如此热闹，并得到了业内外的共同认可、一致好评。1960年，孙正阳演此剧获得了优秀青年演员奖。其后，这样的小戏居然能在京剧舞台上一直流传。1975年，保留拍摄经典传统剧目的戏单中也选中了它（后因项目中止未拍成），历史承认了孙正阳在这出戏中的艺术创造。在九十年代梅兰芳金奖电视大赛中，上海京剧院丑角白涛就以此剧获得了该赛事的提名奖，不能不说《海周过关》和孙正阳精彩表演有着很强的生命力。

除了这两个很能反映孙正阳艺术风格的经典戏外，他在其他创编剧目中，可圈可点的地方还相当多，《挡马》就是能显示他文武全能的代表性折子戏。该剧源于乱弹《缀白裘》，后改编为昆曲，传字辈名家方传芸、华传浩擅演。故事描写宋朝杨八姐深入辽邦，偶遇当年失落北番的宋将焦光普,双方经一番误会后,一起杀敌南返。在五十年代,李玉茹、孙正阳先向方传芸、华传浩学了此剧,起初还是遵循昆曲演法。后来张美娟接演了该剧,武打成分就加重了很多。特别是张美娟、孙正阳两人设计的那套椅子功武打,既符合剧情,又打得十分精巧,且是独一无二,确实是京剧折子戏中的精品。焦光普的椅子功技巧属武丑的高难动作,全身要平躺宽仅三公分的椅背顶,还有单脚站立的动作,都需要有很强的平衡能力。以前的武生、武丑靠几出有"盘杠子"的戏锻炼这方面的能力,而孙正阳却很少有这方面的训练。但他硬是凭着基础武功和顽强的毅力经刻苦训练,终于出色地完成了这套技巧,且练得十分扎实。直

到1975年,该剧拍成戏曲艺术片时,孙正阳已是四十五岁将老之年,这些技巧依然完成得非常顺畅。他对此剧情有独钟,八十年代,齐淑芳接演《挡马》,孙正阳还亲自督导,帮助齐将此剧改为京剧。杨八姐上场唱唢呐二簧,导板、回龙、原板类似《叫关》的成套唱腔,齐淑芳唱得酣畅淋漓。焦光普则唱四平调,替代原来的昆腔。进屋搜店时,杨八姐唱西皮二六,边唱边舞。另外,武打上也有加强,武旦穿厚底,武技的难度也相对增加。这个版本,齐淑芳

孙正阳与李玉茹(左)合演《挡马》

孙正阳饰演《挡马》之焦光普

在共舞台公演过，焦光普由孙的学生韩奎喜扮演，反响很好。但这一版本未能流传，主要是再也找不到像齐淑芳那样文武全才又甘愿演武旦戏的好角儿了。但其中的穿厚底及其他高难武技均得到了流传，并有了发展，唱功部分在舞台上再也看不到了。直到今天，孙老师提起此事还惋惜不已，他太喜欢《挡马》这出戏了。

《柜中缘》也是上海京剧院向武汉汉剧学习的剧目，这是汉剧名旦陈伯华成名之作。该剧最早源于秦腔，后来汉剧、豫剧、河北梆子均移植改编此剧。京剧演出始于五十年代后期，北京名旦吴素秋根据河北梆子剧本改编上演了此剧，上海京剧院则从汉剧剧本中心整理加工，由李玉茹、孙正阳、黄正勤、王泗水等通力合作，形成了该剧另一版本。新剧本演出后，大受欢迎，各地来学习求教者甚众，比北方版本得到了更广的流传。这里就重点谈一下孙正阳在该剧中的独有创新和精彩表演。他首先改动了剧中人刘春（淘气）原有的茶衣丑的扮相，特制了一个小孩帽，绿彩衣，红彩裤，非常符合一个带点傻气的乡下大孩子性格。孙正阳的唱念表演自始至终一直突出淘气可爱的傻，给全局增添了很强的喜剧气氛。他一共有三段十句唱，第一段四句流水干净流畅，第三白借用了《刀劈三关》"先把宝剑跨"的拖腔，俏皮动听。第二段散板更是奇特，单调旋律简单得像背书，京剧中从无这样唱法，孙正阳这样傻唱常能得到彩声。

孙正阳与李玉茹合演《柜中缘》

孙正阳饰演《柜中缘》之淘气

第三段摇板唱的简捷,像说话一样,最后一句"真真是个老面皮",竟带出了上海方言。孙正阳孩子气的表演更使台上台下一片活跃,许多现实生活感很强的表演是传统京剧中从未见过的。剧中,他还发挥了善于抓哏的特长,当岳雷见淘气误会他与玉莲有私情时,哀叹了一句:"真乃不白之冤哪!"他马上接上:"你还不白啊?你要是不白,我妹妹还会把你藏到柜子里面?"这一哏节,常常引起台下哄堂大笑。

《百花公主》是李玉茹在五十年代创排的一出大戏。故事起于元朝,安西王不服王化,有女百花公主,文武全才。元将江六云为平服边疆,化名海俊,潜入安西投军,不但得到信任,还得公主青睐,以佩剑相赠,私订终身。后引元军伐安西,里应外合,大破安西,公主兵败凤凰山,自刎身亡。该剧情节曲折,故事性很强。当年宋德珠有演出本,为景孤血编剧。名剧作家翁偶虹也为程砚秋编写过此剧,更名《女儿心》。其中《百花赠剑》一场经常作为折子戏单独演出,俞振飞、言慧珠擅演。以前的立意是站在元朝立场,安西王是作乱叛变,公主虽是叛臣之女,但与海俊的爱情是真诚的。而今李玉茹的改编本,按新社会的善恶理念,安西王和百花公主都是正面人物,把与海俊作对的太监巴喇改为忠心报国的巴兰将军,这样海俊就成了第一反派角色,一个罪不可赦的间谍。原来的演出阵容是:李玉茹饰百花公主,黄正勤饰海俊,王正屏饰巴兰,张美娟饰江花佑。剧本好,演员也齐整,但黄正勤的儒雅风度始终无法和间谍联系起来,不能招人恨。后经一位领导提议,改由孙正阳扮演海俊,这对他是一个艰巨的考验。孙正阳虽然戏路宽广,但正儿八经的小生戏毕竟从未演过,更何况有俞振飞先生的样板在前。他要在正场中念韵白,用小嗓,背供时用大嗓念京白,兼跨小生、小丑两行,两者都要到位,难度实在很大。万一有个别场次演砸,就会把整台好戏给搅了。但孙正阳见难而上,经过刻苦努力,反复实践,终于获得了成功。这是丑角行当从未有过的突破,也是孙正阳个人演艺史上值得记述、浓墨重彩的一笔。

《澶渊之盟》是周信芳院长主演的新编剧目之一,该剧由著名剧作家陈西汀编剧,1962年首演于武汉。新中国成立后,周院长创排的新戏为

新编剧目《澶渊之盟》说明书

数甚少，故对该剧演出相当重视，演员阵容十分坚强。周信芳亲演寇准，赵晓岚饰萧太后，李仲林饰名将李继隆，王正屏饰高琼，汪正华饰宋王，李桐森饰毕士安，孙正阳饰王钦若。剧中的主要配角都是周院长亲点的将，孙正阳又接受了一次新的挑战。丑行细分为方巾丑、袍带丑、茶衣丑、老丑、彩婆子、武丑等，孙正阳的强项是茶衣丑和彩旦，当时上海京剧院首席大丑刘斌昆演方巾丑、袍带丑乃是一绝，蒋干、汤勤一类角色那时孙正阳很少涉及。《澶渊之盟》中的王钦若是典型的袍带丑，并非孙正阳所长。但这次又是院长点的将，傍他演如此重要的戏，其他傍角都十分扎硬，所以，孙正阳必须全力以赴，毫不退缩地演好这个角色。功夫不负有心人，孙正阳认真投入，反复琢磨，一遍又一遍地实践总结，终于得到了院长、同行们及观众的认同，在满台名角中毫不逊色。有场戏，宋王带着群臣在黄河边上，寇准和王钦若为战和决策发生了争执。王钦若嘲讽寇准："你是不到黄河心不死啊！"周信芳反诘孙正阳："你是到了黄河还不死心哪！"此时掌声四起，大家一是为寇准的正义凛然喝彩，也是为周院长和孙正阳精彩的对白由衷叫好。

在那一时期，孙正阳所排的新戏之多难以一一尽说，再调转笔锋谈一些他在传统剧目演出中的艺术成就。1962年2月8日夜场演出前，天蟾舞台客满灯早已亮起，剧场门口人群簇动，期望等到退票。那时，京剧市场虽然不错，但满座的情况通常只有演连台本戏《七侠五义》《宏碧缘》时才有，一般的折子戏专场不大见此盛况。那天演出的剧目正是四出折子戏：《罗城叫关》黄正勤，《海周过关》孙正阳，《文昭关》汪正华，《江油关》李玉茹（简称四关）。这样四出戏竟有如此的叫座能力？确实，事实在说话！戏好，更重要的是演员演得好。场外如此，场内气氛更是热烈，自始至终彩声不断，四位当年真正的实力派演员光彩四溢，给观众奉上了一台令人难忘的好戏。时隔半个多世纪，一些老戏迷谈起当年的"四关"来仍是津津乐道，竟能

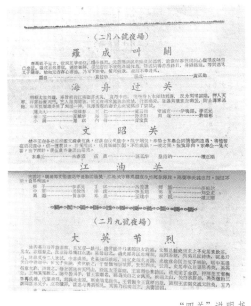

"四关"说明书

回忆出当时演出的一些细节："李玉茹的圆场、水袖真绝"，"汪正华那声撤味道太好了"，"孙正阳跳了二十几个铁门槛"……足见那场戏给观众留下的印象之深。

在二十世纪六十年代初，国家经历了三年困难时期。为了有一个必需的休整期，政府对意识形态的管控略有宽松，一些戏改时期禁演的传统戏也逐步开放了。李玉茹是一位有正宗京朝派功底且善于兼收并蓄的好角儿，届时正值盛年，正是艺术成熟的最佳时期。五十年代，由于各种原因，她新编剧目演得较多，集中演传统剧目的机会很少。1962年，她抓住了良机，畅快地演了一个阶段经典老戏，展示了她梅、程、荀三派兼优的全面才艺。从大形势来说，主管部门许可，观众有需求。从小环境而言，她恰好有一台非常齐整的固定演员阵容相辅助。杨派老生汪正华，文武丑角孙正阳，全才小生黄正勤，架子花兼尚派武生贺永华，还有许美玲、刘云龙、许顺斌、伊鸣铎等相当称职的配角演员。孙正阳是这个团体中至关重要的核心人物之一，他除了在台上是李玉茹合作多年的左膀右臂，在台下还能帮助李协调各种关系。其中最值得一提的就是，他

汪正华演《洪羊洞》

帮李玉茹物色了非常合适的挎刀老生汪正华。

汪正华是孙正阳戏校的同学，也是他名义上的外甥。汪的母亲是孙正阳母亲的养女，孙称她大姐，虽然汪年长孙三岁，仍需叫他小舅。实际上他们俩就是发小，从小一起玩，一起学戏，汪正华考入戏校时第一个唱段还是孙正阳教他的。汪性格内向，在戏校时并不出挑，老生组排名在关正明、程正泰、周正荣等之后。新中国成立前去了香港，后在一个杨姓有钱的大户人家教戏。一个偶然的机会，为当时在港演出的杨宝森先生当二路老生，扮演程敬思、杨六郎等角色。他演戏规矩有范，嗓音又酷似杨先生，杨很喜欢这个年轻人，时而给他一些关键性的指点。汪正华悟性很好，而且极其崇拜杨先生，酷爱杨派，经此一段经历，技艺大进。后又与杨家八小姐结为伉俪，每天对着钢丝录音研究杨派，非常有心得。苦于在香港没有舞台实践机会，甚为郁闷。而那时，孙正阳在上海京剧院已有了一定的地位，他建议汪正华回上海加入上海京剧院，并向领导作了郑重的推荐。汪正华也是个痴戏如命的人，实在不愿长期脱离舞台，于是他放弃了香港的富裕生活，宁愿回到了相对清贫有戏可唱的上海。上海京剧院很重视他，不停地给他各种演出机会，这样，汪正华日趋成熟，艺事精进，终于成了业内外公认的杨派第二代代表人物。

上海京剧院是个行当相当齐全的艺术团体，但相对于旦角，老生行稍显软弱。纪玉良是一团当家老生，连台本戏离不开他。沈金波主要要傍周院长演出，童祥苓长期跟随其姐童芷苓，年轻老生不见有什么好苗子。李玉茹一直苦于找不到长期合作的好老生，汪正华的到来让李玉茹感到非常欣慰。汪演唱韵味醇厚，表演儒雅含蓄，气质甚好，与李玉茹

孙正阳饰演《杨家将》之马牌

的风格极其相近。两人几经合作后，在台上似乎有着天然的默契，彼此增色不少。于是李玉茹相继贴了许多过去极少演的生旦对儿戏《朱痕记》《贺后骂殿》等，当然最显得珠联璧合的就要数他们新创排的《梅妃》了（下文再详述）。汪正华还甘愿为李玉茹配演《三击掌》的王允，《玉堂春》的刘秉义，并留下了难得一闻的杨派王允唱腔。这一切与孙正阳不无关联，因为孙正阳是汪正华入院的介绍人，而且两人又是亲戚。再者，汪正华久居香港富贵人家，熏染了京剧演员中很少见的绅士气派，对新社会人际关系的处理不甚了了，凡事常常要听孙正阳的意见。据汪自己说，最舒心的日子就是和李玉茹、孙正阳组班演出的时期。台上与李玉茹相映成辉，台下的琐事由孙正阳担待，自己只要一心演好戏就行。孙正阳对自己儿时的发小确实关爱有加，论文艺级别，孙高于汪，但在这班团里，他真诚地让汪坐稳第二把交椅，自己则甘当绿叶，不但为汪正华配演《宋江题诗》，甚至在《杨家将》《失空斩》等剧中，还为其配演马牌子、老军等角色。孙正阳在这对黄金搭档演出期间，虽然主演的机会很少，但他配演的角色同样光彩照人，给观众留下了难以磨灭的印象。

孙正阳传统基础深厚，且善于创新，他的表演一人千面，每个角色都演出了其独特的个性。其中最出彩的就是他的彩旦戏。《拾玉镯》是孙正阳最常演的剧目之一，剧中的刘媒婆也是他所演的最有心得的一个角色。该剧原是《双姣奇缘》中的一折，描写傅朋与孙玉姣之间的爱情的故事，剧中的刘媒婆扮演了为他们二人穿针引线的角色。以前刘媒婆属于勾奸卖奸的反面角色，结局非常悲惨。新中国成立后，整体理念有了改变，傅朋和孙玉姣之间不再是调情，而是摆脱封建束缚，追求爱情。刘媒婆为了成全他们的行为，也不再是老不正经的勾奸，而是真诚相助的热心人。孙正阳对丑角表演有他自己独特的理解，他认为丑角在舞台上的呈现应该是美的，这不仅是他的风格，而且是他的追求。虽然孙正阳在舞台上常常演坏人，但他实际上爱演好人，客观地说，他演好人比坏人演得更好。刘媒婆的形象转换，从贪图花红的媒婆变成热心善良的老太太，这对孙正阳来说，更能发挥他艺术风格之长。孙正阳演彩旦最重要的与众不同的特色是强调女性化，他相当腻味彩旦粗嗓门，迈大步，觉得这样既脏又俗。他扮演的刘媒婆走着小步，基本上是典型的老太太形象，动作表情力求细腻、干净。念白虽然仍用大嗓，但语气完全是中老年妇女的口吻。他的《拾玉镯》去掉了刘媒婆的单独吊场（也不用孙玉姣唱原板二次上场），简化了场次。在叫门时，他没有像常见的演出那样，站在正中背对着观众，而是在旁边做贴着窗户窥视状。这样一方面表现出刘媒婆的机灵，又不妨碍花旦的表演。两人见面后，探寻玉镯的动作细腻、逼真。最精彩的是他模仿孙玉姣拾镯的一段表演，一整套花旦身段，惟妙惟肖，最后一个跳坐上椅，每演到此处，观众必报以满堂彩声。笔者看过百余场次《拾玉镯》，这一段没有比孙正阳演得更出色的了。另外，还有些细节也处理得很好，原本孙玉姣催问刘媒婆回信时间一节显得比较拖沓，孙正阳演出时则一并删去，只是在下场时最后一句幽默地说出"婚姻大事等三年"，简单地引出了三天的回音期。

孙正阳与童芷苓合演《铁弓缘》

《铁弓缘》是孙正阳彩旦艺术另一成功之作，也是他常演且很爱演的剧目，并引以自豪地得到过毛主席的赞许。陈母是完全不同于刘媒婆的另一类中老年妇女，虽然同属彩旦行，她是个曾有过尊贵身份，后又落魄，善良且有侠气的老太太。新修改本的《铁弓缘》删除了陈母许多低俗的台词和表演，突出了她不畏权势的正气，这类人物最适合孙正阳扮演。在与石公子周旋的一场戏中，她不卑不亢，虽位卑但自尊。当仗势欺人的公子声称不答应婚事就要抢人时，她豪气顿长，奋起反抗。孙正阳这时的表演尤为精彩，他运用了彩旦行极少用的飞脚、扫膛、旋子等武技，生动地刻画了一个武艺高强、行侠仗义的江湖老妪形象。在其后比武相亲一场中，他又突出了陈母诙谐、善良的另一面，在调笑中促成了女儿的终身大事。这出戏，李玉茹、童芷苓、齐淑芳等旦角名家都与他合作过，旦角们虽然风格各异，但孙正阳的出色表演毫无例外地为这出戏留下了浓墨重彩的一笔。

李玉茹、孙正阳团队除了频繁地演出传统剧目外，还不停地创排新戏，其中最成功且得以长久流传的是全本《梅妃》和小折子戏《宋江题诗》了。《梅妃》原为程砚秋先生的名剧之一，他根据悔庐居士原创本改编，1928年正式公演，并有唱片行世。其后北京京剧团又有新编本，李世济主演。李玉茹的演出本由庞曾涵编写，与原本有较大的不同。全剧场次简练，删去了宁王戏梅等与主题无关的情节，突出了杨梅矛盾的主线，加重了唐明皇的戏份。特别是唱腔设计，非常精彩，程派、杨派的风格极为明显，许多唱段一直流传至今。该剧于1961年9月公演，由李玉茹主演梅妃江采苹，汪正华主演唐明皇李隆基，孙正阳演高力士，许美玲演杨玉环。演出效果良好，观众反应强烈，遂成为上海京剧院经典保留剧目。剧中除了李玉茹、汪正华

京剧《梅妃》演出说明书

孙正阳饰演《梅妃》之高力士

的表演上佳外，孙正阳的高力士也演得相当出彩，完全起到了绿叶配衬红花的作用。这戏中的高力士已不同于《贵妃醉酒》，孙正阳把一个位于两不得罪的尴尬处境的高级奴才塑造得入木三分，而且还罕见地表现了高力士内心善良的一面，"回銮"一场几句凄凉的念白，突出了他对深宫哀怨本能的同情心。

《宋江题诗》是汪正华主演的新编折子戏。该剧源于高庆奎的全本《浔阳楼》，由武汉京剧团老生名家关正明首次改编为单折折子戏上演。汪正华根据关本再次改编，特别是唱腔部分，按杨派风格全部重新设计，结果十分成功，很快就广泛流传，被誉为杨韵汪腔，一直传唱至今。全剧中只有两个人物，所以，孙正阳扮演的酒保举足轻重，很有戏份。一开场的一段数板，孙正阳念得干净利落，幽默内涵，开始就一个满堂好，为主角上场烘托了一个很好的气氛。剧中在数说蔡知府横征暴敛、搜刮民财时平民情感自然流露，演出了一个小角色的内心，十分难得。下场时的一句："茶馆酒肆，莫谈国事啰！"带着会心的嘲讽，常常引起很好的舞台效果。孙正阳的表演与汪正华配合极度默契，相互烘托，把这出小戏演得精彩纷呈。汪正华生前曾数次同笔者讲过："这出戏，如果不是正阳的酒保，会影响我的水平发挥。"足见孙正阳所扮演着一小角色的分量。

1961年，上海举行京剧传统剧目大会演，由上海京剧院、新民京剧团、新华京剧团联合演出，在天蟾舞台推出两台大戏，年近古稀的周信芳院长亲自挂帅上阵，很少登台的上海戏校校长昆剧名家俞振飞任副帅。

第一场大戏《群英会·借东风·华容道》，周院长一赶二，前鲁肃后关羽；俞振飞饰周瑜；新调入上海京剧院的名净赵文奎饰黄盖；迟世恭饰孔明；王少楼饰赵云；艾世菊饰蒋干；马世啸饰曹操，名角荟萃，在经典大戏中演出海派风格。第二场折子戏，小王桂卿《雅观楼》开锣；赵文奎《五台山》居中；童芷苓、孙正阳《十八扯》压轴；周信芳、俞振飞、艾世菊《打侄上坟》大轴，这台戏体现了当年上海京剧的顶级水平。在如此重大的汇演中，孙正阳能位于压轴这样重要的地位，可见他

孙正阳与童芷苓合演《十八扯》

在当时业内外的认同度。而且，孙正阳确实不负众望，在台上充分发挥了他唱功的特长，生旦净丑全拿，与童芷苓旗鼓相当，满台生辉，赢得了全场观众的喝彩。这出戏在早年，他和李慧芳、袁灵云等常演，自进上海京剧院后，从未演过。这次与童芷苓合作一炮打响，从此《十八扯》成了他的招牌戏，一直演到耄耋之年，搭档除童芷苓外，其后一直携带后辈演员，合作者有王树芳、史依弘、熊明霞等。

孙正阳在那一时期正是全身心地扑在了舞台上，不但在上海红了，在全国都红了，甚至红到了国外，他是上海京剧院中出国次数最多、时间最长的主要演员之一。据他的艺术档案记载，在"文革"前，他共有五次出国访问演出：1953年，参加赴朝慰问团；1955年赴波兰参加世界青年联欢节；1956年随上海京剧院出访苏联演出；1958年，参加文化部组织的戏曲歌舞团出访欧洲七国（法国、比利时、卢森堡、英国、捷克、波兰、瑞士）；1964年，参加由十八个单位组成的中国艺术团出访西欧六

孙正阳便装

国（法国、西德、瑞士、意大利、比利时、荷兰）。那时我国尚处在闭关不开放状态，出国演出是各级政府非常重视的大事件。出访前需集中到北京，经过学习、排练、节目审查等许多环节，出访后需总结、汇报，再加上在国外演出的时间，整个周期拖得很长。特别是后面三次的出访，长的约需半年时间，短的也要三四个月。在那个时代，出国演出是一件罕见的大事，各级政府均给予高度重视，当作重大政治任务来完成。首先，前期准备必须仔细充分，出访国确定后，挑选演艺人员和制定改编剧目需尽早落实。演职人员是以"文化大使"的身份出访，政治上一定要可靠，业务上要有过人的才能，并经反复审核。剧目定制更为费时，不但要内容健康，还要体现我国政府倡导的历史观和价值观。例如《闹天宫》，最后要以孙悟空取得胜利作为结尾，而不是被降服。剧目以武戏和歌舞戏为主，需删繁就简，改编出适合国外演出的精编版。这并不是一件简单的易事，删减的分寸和在表演中对"戏眼"的把握，都体现了操作者对剧目本身及其表演内容的理解力和认知度。孙正阳在那个年代，能如此频繁地出访，说明了各级领导对他在政治上相当信任，对他的艺术水平充分肯定。在出访的过程中，孙正阳的声誉也随之延伸到了国外，中国式的丑角表演也在世界艺术舞台上得到了进一步的展示，这个青年才俊的艺术才能获得了海内外的一致认同。这是孙正阳演艺生涯中重要的一笔，这样难得的经历也使他开阔了眼界，进一步提高了自己的艺术境界。

孙正阳的首次出国是1953年参加第二批赴朝慰问团。这次活动并不是盛载荣誉成分的褒奖，也不是展示个人才能在国际舞台上的表演，而是作为新中国文艺战士应尽的光荣义务。赴朝慰问演出是个人自愿报名的，也是国家对演职人员的一次政治考验。当时的朝鲜条件非常艰苦,冰天雪地,天气状况相当恶劣,食宿均很困难,钻山洞,睡地铺,吃粗粮,这是绝大多数的演员必须经历的考验。演出条件更是不堪,露天舞台要随搭随拆,演员不但要在高寒下演出,还要附带干一些搭台装箱等体力活。孙正阳经受住了这次考验,演出全力以赴,劳动主动积极,对生活上的困难毫无怨言,这一表现得到了同去的吴石坚团长、周信芳院长等领导的肯定,也为他以后持续受重用打下了一定的政治基础。

孙正阳第二次出国是1955年7月赴波兰参加第五届世界青年联欢节,这也是我国一项重大的文化外交活动。世界青年联欢节全称为"世界青年与学生和平友谊联欢节",是以苏联为首的社会主义国家举办的大型国际活动,总部设在匈牙利布达佩斯的世界民主青年联盟,是我国当时始终参加的外事活动之一。中国的京剧演出是该活动中很受关注的内容,第三届在民主德国柏林,第四届在罗马尼亚布加勒斯特,我国都派出了京剧演出团参加活动,而且是新中国京剧首次国外演出,李少春、张云溪、叶盛章等均获得过该活动颁发的金质奖章。第五届青年节的京剧演出小组原也是应由中国京剧院组织参加,演员有云燕铭、徐玉川、江新蓉等,后为了丰富演出内容,特增加了李玉茹的《贵妃醉酒》《拾玉镯》和小盖叫天的《三岔口》。原先出访的名单中没有孙正阳,在出访前的排练中,李玉茹提出要调孙正阳作为她这两出戏的配演。当时就有人表示不解,这两出戏都是大路戏,北京好的丑角颇多,有必要再从上海调人吗?在李玉茹的坚持下,孙正阳到北京参加了排练,他们之间心气合一,熟练默契的配合让大家折服了。更何况他还能为小盖叫天配演刘利华,对出国演员的使用必须强调高效率,这样孙正阳就成了演出小组的正式成员。出国后,在波兰的出色表演也让中国京剧院的同行们交口称赞。从此孙正阳就成了出国演出的热门人选,多才多能的他得到了海内外的高度认同。

1955年,华东戏曲研究院与上海人民京剧团合并为上海京剧院,周信芳任新院长,吴石坚任总支书记兼副院长。次年上海京剧院便接受了访苏演出的重要任务,这也是孙正阳第三次出国。这次出访不同于前,是一次较大规模的整团出国演出，剧目多，时间长，由周信芳任团长，伊兵任副团长，吴石坚任秘书长，声势浩大，于1956年10月赴苏。其间，孙正阳演出的剧目很多，除常演的《拾玉镯》《贵妃醉酒》等戏外，最值得一提的是这次罕见地演出了全本大戏《十五贯》，孙正阳在剧中扮演主要反派角色娄阿鼠。以往的国外演出，基本上皆是短小精悍偏重舞蹈的折子戏，而此番破例演整场大戏正是为了在"苏联老大哥"面前全面展示我国的国粹。整场戏效果甚佳，苏联人大体看懂了，随着剧情的变化有了情绪反应，这仰仗于演员们在台上上佳的发挥。周信芳的况钟演得十分出色，孙正阳的娄阿鼠也有相当到位的反衬，全台"一棵菜"，充分显现了国剧的魅力。这次出访历时三个多月，除在莫斯科多场公演外，先后访问了白俄罗斯、爱沙尼亚、立陶宛、乌克兰等地，总共演了二十六场。周院长主演了《追韩信》《徐策跑城》《投军别窑》《打渔杀家》等麒派拿手戏，还有《贵妃醉酒》《拾玉镯》《雁荡山》《八仙过海》《盗仙草》《黄鹤楼》等许多传统折子戏。每场戏都有孙正阳的身影，且都有很好的发挥，苏联人民也记住了这个"东方丑星"。

　　第四次出国规模相当大，也是孙正阳第一次接触资本主义世界。1958年，为了外交工作的需要，文化部在周恩来总理的主导下，决定派中国艺术团出访欧洲七国，演职人员由中央歌舞团的歌舞演员和上海京剧院的京剧演员组成，还特别确定昆剧大名家俞振飞、言慧珠参加随团演出。这次去的国家，除波兰、捷克外，其余都是我们那时所称的资本主义国家，政治外交意义远大于文化交流。周总理亲自落实出访前准备工作，指派了很高规格的代表团，北京市副市长吴晗和外联委副主任屈武分任前、后团长，主要演员基本上都属名家，有俞振飞、言慧珠、李玉茹、王鸣仲、王泉奎、张美娟、沈金波、孙正阳等，行程以及演出剧目都做了精心安排。当年4月启程，首站是法国巴黎，在萨拉·伯纳尔大剧院公演，李玉茹、孙正阳的《拾玉镯》排在第二出，压轴是俞振飞、言慧珠的《百花赠剑》，大轴是张美娟的《虹桥赠珠》。演出获得了轰动性的效果，观众掌声如潮，《法兰西晚报》《法国新闻报》《人道报》都详细报道了演

访欧合影

出的盛况，还详细评论了李玉茹、孙正阳《拾玉镯》的精彩之处。演出团历时半年，辗转法国、比利时、卢森堡、英国、捷克、波兰、瑞士七国，24个城市，总共102场，演一处，红一处，一路火来，观众近十万人次，演出大获成功。孙正阳把中国的丑角艺术，传唱到了大西洋彼岸，为国粹艺术走出国门，向世界传播，做出了卓有成效的贡献。

　　1964年，中国与法国正式建立外交关系，这是外交战线一次重大突破，也是我们与苏联交恶后重新调整国际关系的开端。为此，我国政府决定再次派一个综合艺术团出访西欧六国，让中国传统文化再次闯入资本主义阵营。组团工作由上海、北京两地承担，团长是上海市副市长金仲华，副团长劳辛、刘西林。京剧方面的主要演员有杜近芳、王鸣仲（中国京剧院）、张美娟、童祥苓、孙正阳、杨春霞、齐淑芳（上海京剧院）等。演出剧目有《白蛇传》《秋江》《拾玉镯》《闹天宫》《火凤凰》《雁荡山》《挡马》《三岔口》《虹桥赠珠》《柜中缘》《三战张月娥》等，都是在国外

孙正阳在国外练功　　　　　　　孙正阳饰演《秋江》之艄翁

相当受欢迎且经过整理改编的传统剧目。这次出访，对孙正阳来说应该是驾轻就熟了，但他也不敢有任何大意，仍然是场场全力以赴。首先因为这是重大政治任务，完成的好坏涉及国家的颜面。另外，这次是两个大剧团的合作，必须要注意配合默契通力协作。孙正阳与杜近芳虽然在新中国成立前就有过同台，但毕竟已有多年未合作，这次合演《秋江》，他没有丝毫懈怠，确实做到了严丝合缝，相映成辉。孙正阳多才多能，几乎场场都极忙，先要和张美娟演《挡马》，中间是与杜近芳的《秋江》，知道没有换服装的时间，先在里面穿上《雁荡山》号兵的衣裤，一完戏，马上脱下艄翁的蓑衣，就与王鸣仲合演大轴《雁荡山》了。还是这样，场场都有活，一点也不能出差错，孙正阳再次出色地完成了任务。同样历时近半年，历经法国、西德、瑞士、意大利、比利时、荷兰六国，22个城市，共计演出113场。所到之处，一路掌声、鲜花，使欧洲的绅士们再次领略了京剧艺术的无穷魅力。

　　孙正阳多次出访演出，对他演艺事业的发展起了至关重要的作用，主要体现在艺术影响扩大和自身素养提高两个方面。首先,他的艺术才能已经进入了中央高层领导的视野,不但文化部的领导和同行对他有了了解,连毛泽东、周恩来这样最高领导也记住了孙正阳的名字。孙正阳做到了,几次出访是其中的主要媒介,他的艺术影响在最重要的领域得以扩大,他超凡的艺术才能和循规蹈矩的艺德是其成功的基础,但其中也确有一定的幸运成分。出国演出是一种特殊的舞台实践,有过这样经历的演员都会有感觉,自己的艺术境界无形地提高了。因为当时的出访是政治任务,演员们在台上决不敢有丝毫懈怠,排练、演出的认真度和专注度都非常高,这犹如经历了一次又一次强化的艺术训练。另外,在台上合作的都是名家,协作性、包容性、舞台亲和力都能在其中得以演练和加强,这些都是能成为大名家的角儿们应具备的素养。还有,他开阔了眼界,或多或少地接触和吸收了一些国外文化艺术,这些养分对他境界的提升起着潜移默化的作用。在艺术事业上得到收获的同时,在为人处事的历练上也得益甚多。出访活动要与各方面的人员交往,基本上都来自社交界的高层,一个普通京剧演员是很难有这样的机会。孙正阳通过这样的经历,自身的气质和修养都有了提升,在涉世层面上,为今后事业成功做出了很好的铺垫。当然,这一切并不是上天的眷顾,根本还是孙正阳的艺事、艺德经得住考验。在顺境面前,他没有丝毫洋洋得意,居功自傲,依然低调本分,自然地赢得了各级领导和同事们的好感和尊重。在艺事上,他同样没有自以为是,而是勤学博采,努力进取,这样,成功的道路就自然而然地变得相当通畅了。

四、立业成家

丑角在京剧行当中叨陪末座,却是最难演好的,难就难在要把一个不是站中间的角色演出居中角儿的分量来。自打京剧行世以来,生旦名家代代辈出,各领风骚,而丑角中翘楚人物相对非常罕见。究其原因,一方面,由于生旦通常都位居主角地位,比丑角更能尽情发挥,另一方面,丑行的确十分难演，要出大师级人物比其他行当困难得多。纵观近百年来京剧舞台，演出的班社数以万计，但以丑角挑班的仅叶盛章一人。就拿为名家作传一事来说，而今已出版的京剧名家传记已有百余册，而写丑角名家的仅有一本小册子，赵晓东写的《武丑张春华》（本书应该是第二本丑角名家传记）。更值得关注的是，丑行被边缘化的趋势而今越来越严重，年轻丑角后继乏人。此时及时总结探讨孙正阳的艺术成就，不但是对国宝级的艺术传承保护，而且有利于调节现时京剧舞台的生态平衡。

在二十世纪五六十年代，活跃在舞台上的丑角艺术家比其他行当相对少得多。中国京剧院丑角名家郑岩先生在2014年载文十余期（《中国京剧》连载），综述二十世纪前辈丑角名家的艺术成就。所提及的京剧丑行名家仅十人左右，其中南方只有两人，即刘斌昆和孙正阳。确实，在当年丑行能称为名家的角儿基本上都集中在北京。众望所归的大师级人物仅有萧长华、叶盛章；其余的名丑中国京剧院有孙盛武、张春华、贾松龄、骆洪年、谷春章，北京京剧团的有马富禄、慈少泉、茹富蕙、李四广等。分散在全国各地的名丑甚少，大致有萧盛萱（陕西）、詹世辅（天津）、贯盛吉（河北）、梁次珊（云南）、李庆春（内蒙古）、郭金光（宁夏）、

丑行名家（自左至右）前排刘斌昆、王福山、李罗克，后排孙正阳、叶盛章、熊志麟

厉慧森（重庆）等。在上海够得上这样级别的丑角，只有刘斌昆、艾世菊、孙正阳三人。这些名家当年在舞台上都有过辉煌，他们的表演和创新，为这一代丑行演艺积累、创造了丰厚的艺术财富。孙正阳就是其中最年轻、最有个人特色的名家之一，被誉为"江南美丑"。

孙正阳能在这些名家群体中脱颖而出，除了传统基础深厚外，还必定有其独特的过人之处，最值得一提的是他对丑行艺术本身的独到理解。丑和美都是人的一种感觉，就其本身意义来说是对

孙正阳与萧长华（中）刘斌昆（右）合影

立的，舞台上的丑角往往被人们理解为一种反衬，衬托了其他角色的美感。孙正阳完全不是这样的观点，他认为，丑角本身就应该是美的，是另一种形式美。他最讨厌丑角在舞台上呈现一些肮脏、低俗的形象，他要尽量做到每个角色都要有美的感觉，哪怕是演坏人。孙正阳为他的这一理念做了全方位的努力。首先是扮相，以往的一般小丑通常简单地画个白鼻子就上台了。他却不然，化妆前和老生一样先打底色，然后根据角色的不同，画上不同的丑角脸谱。他认为，丑角脸谱应和净角一样是京剧化妆艺术，必须干净、漂亮且有个性。在穿戴上，孙正阳也非常讲究，在符合人物特征的基础上，尽量光鲜、亮丽。他的《小放牛》《海周过关》《柜中缘》，服装都很有特色。特别是《七侠五义》的蒋平，一身行头，漂亮至极。他的彩旦戏这点更加突出，不但要光洁，还要体现女性美。他自己回忆，在这点上从小受盖三省影响很大。盖先生是前辈江南名丑，特别以婆子戏见长。程砚秋每次来沪演出，必请盖先生配演禁婆

等角色,盖的丑角为程先生的各个名剧增色不少。孙正阳童年时非常爱看盖先生的婆子戏,并私下模仿他的彩旦动作,感觉很像老年妇女。后来,他自己演出时,在学习盖三省的基础上,再加上自身的理解,形成了他独有的彩旦表演风格。在唱念表演上,孙正阳同样非常强调声音、形象美。他的演唱从不黄腔,更不怪声怪调,表演一招一式皆走正道,绝没有腻性、粗俗动作。把小丑演得美是孙正阳一生的追求,于是,业内外一致认同,他确实是名副其实的"江南美丑"。

孙正阳演《小放牛》

孙正阳年轻时嗓音奇佳,清脆、响堂且有磁性,所以,他的念白特别动听,一段数板常常能念出满堂彩。一方面是他确实念得好,更值得关注的另一方面是,孙正阳在演出新戏时,常常更动剧本中的台词,特别是念数板,通常不按编剧提供的剧本念,喜欢自己重新编着念。他对笔者这样说:"别人写的东西,念起来总觉得不顺,也记不住,只有自己重新捋过的念起来才顺畅。"甚至连陈西汀、许思言这些大牌编剧写的台词也不肯"买账",这样就把他自己的心气和情感都念出来了,观众听了感到非常顺溜、舒服。要论文化程度,孙正阳只是在戏校期间读过一点书,学得实在有限。但他对舞台语言感觉出奇地好,出口就顺溜,而且他记忆力极强,念过几遍的东西,台上绝不会出差错。他就不停地这样自编自演,念得非常自然,常常出彩,引起台下的共鸣。(他在老年时更是如此,将在以后章节中进一步细述。)这点也是孙正阳艺术思想的一个独有特征,他在台上有着强烈的自我中心感,非常容易进入角色。像

《十八扯》这类不定型的戏,他的版本颇多,在台上常常尽兴发挥,十分自如。另外,他"抓哏"抓得好,贴近时代接地气,非常有台下效果。《拾玉镯》中,刘妈妈问孙玉姣梳头用的什么油,孙通常应答:"桂花油。"他竟回了句:"妈妈我使的是酱油。"《法门寺》中,贾桂把千岁赏的官宝给宋巧姣时这样嘱咐:"回去多买柴米,少买糖吃。"这都是孙正阳非常规的"哏",观众常报以会心的笑声。(他晚年演出《凤还巢》的程雪雁,更是"奇哏"迭出,容后详叙。)总之,孙正阳的表演经常让观众看到独特有个性的风格,内外皆认同,他确实是"自成一家"。

在五六十年代,上海京剧界有三位名丑:刘斌昆、艾世菊和孙正阳。他们皆是自成一格的大名家,在台上各显风采,在台下却能和谐相处,从来也未曾听说有"同行是冤家"式的"内耗"。在年龄上,三人正好呈阶梯形,分处老、中、青三个层次。刘斌昆生于1902年,久居江南,早年成名,曾与马连良、盖叫天等名家同台。后加入周信芳主持的移风社,长期傍周大师演出,早有"江南第一名丑"之誉,在上海京剧院是周院长长期倚重的臂膀。他舞台经验十分丰富,会戏极多,最擅长演方巾丑、袍带丑,蒋干、汤勤这类角色演得非常传神。另外,像《活捉》中的张三郎、《大劈棺》中的二百五,均是他的独门佳作。他长随周信芳,《打渔杀家》中的大教师、《四进士》的刘二混、《打严嵩》的严侠等戏均非他莫属。偶尔也傍童芷苓,扮演《尤三姐》中的贾珍、《武则天》中的骆宾王,皆属上乘。那时他年事已高,需大量背台词的新戏和比较繁杂琐碎的角色基本不演了。艾世菊生于1916年,是富连盛社的高才生,传统功底极其深厚,戏路宽

刘斌昆饰演《四进士》之刘二混

刘斌昆演《大劈棺》

广，唱念做打皆中规中矩，具有正宗的京朝派风格。《连升店》《小上坟》《群英会》《卖马》等骨子老戏演得十分到位，行内人皆称无瑕疵可挑。还常演《时迁偷鸡》《连环套》一类的武丑戏，均相当出色，也是一位全才的丑角演员。他原在新民京剧团，后并入上海京剧院，除彩旦戏极少演外，其余各种角色都轻车熟路，是个相当称职的大丑。孙正阳对刘、艾二位十分尊重，始终抱着学习的态度吸取他们的艺术营养。但在艺术风格上，孙正阳显示了自己独特的个性，他基本属于比较典型海派风格，长于创新，有时代气息和艺术的新理念。刘、艾二位对孙正阳也有相当好的评价，特别对他演技的创新深表肯定。艾老多次讲过："正阳好啊，他有创造。"孙正阳的传统基础也相当扎实，这样创新就有了根基，就容易被接受，且能够得以流传。他也有许多独擅的剧目，如《海周过关》《柜中缘》《小放牛》等，这些都是无人能替代的。三位名丑同在一个剧团，各显其能，相映成辉，这不但是京剧史上的一段佳话，也是同行通力成功合作的罕有范例。如果说，在五十年代初是孙正阳的创业阶段，到五十年代末他已经成名立业在京剧界了，孙正阳的大名不仅业界尽知，海内外也皆有所闻，那时他还不到三十岁，提前进入了"而立之年"。

越剧名家筱月英

中国的传统通常是将"成家"和"立业"并提的，这也是男子一生最基本的两件大事。在立业阶段的同时，孙正阳还非常圆满地解决了成家问题。孙太太是当年著名越剧演员筱月英，她本名范爱云，比孙正阳小一岁，浙江绍兴人。她出身贫苦之家，自幼学艺，工花旦，十二岁时在杭州拜越剧前辈沈月英为师，演艺进步神速，三年后便挑班演出，在杭嘉湖一带颇有声望。后辗转上海，先于裘绿琴、庞天华等搭档，演出了《筱丹桂自杀记》等剧目。1951年，加入少壮越剧团，次年，与丁赛君、

筱月英与梅兰芳先生

郑忠梅等组建天鹅越剧团，任副团长，演出于长江剧场、九星大戏院等场所。筱月英少年成名，不但在舞台上光彩照人，而且艺术上很有自己的想法。她非常喜欢京剧，觉得京剧表演的基本功很成熟，特别值得越剧演员借鉴。一个偶然的机会，1952年梅兰芳先生在长江剧场看了筱月英演出的《贵妃醉酒》。她大喜过望，不失时机地请梅先生对她的演出做全方位的指点。于是，梅先生认真地对她的表演、身段以至服装上都作了具体指导，使她大为受

益。后来，这出戏正式演出，剧名改为《杨贵妃》，说明书表明"梅兰芳先生艺术指导"。从此，筱月英开始与京剧结了缘。

在五十年代，那时年轻且走红的演员上升空间很大，而且当时好好工作是作为一个正派青年的基本素养，所以他们都一门心思认真唱戏，无暇顾及他事。孙正阳是这样，筱月英也是这样，给他们红绳牵线的媒介恰恰也是工作。当年筱月英在长江剧场演出，经常喜欢抽空到大众剧场观看孙正阳他们红旗青年京剧团的戏。当她看了孙正阳的《小放牛》后十分着迷，很想学这出戏。她和孙正阳的同团师妹陈正薇是朋友，经陈介绍，孙正阳就当了筱月英的老师，教这出《小放牛》。在认真的教学过程中，一对年轻的优秀演员渐渐萌生了感情。《小放牛》真是映衬孙正阳辉煌艺术人生的吉祥之神，最早登台演出的戏是它，首个成为精品的戏也是它，成就美满良缘的媒介还是它，每当人生关键节点时，它都会似灵光般的出现，伴随孙正阳成功。孙正阳在台上嘴皮利落，满台是眼，但在生活中并不是能说会道，反而显得有些正经。谈恋爱并没靠嘴上功夫，而是坚定的行动。从教戏开始，他以诚恳认真的态度，先得到了筱月

孙正阳、筱月英夫妻合演《小放牛》

英的好感。然后步步升级，从隔天教改为天天教，从各自回家变成主动送她回家。还经常抽空去看筱月英的演出，看《钗头凤》时假装流泪逗她开心。直到请她一起去看苏联影片《同志的荣誉》，筱月英真的动心了，于是他们俩很快地确定了恋爱关系，五十年代情侣们谈朋友就这么简单。此后，孙正阳继续用行动表明他对爱情的忠诚和看重，每逢筱月英有夜场演出，他尽量做到在剧场门口接她并送她回家。以至有一

次天很冷淋了雨，导致发高烧住院，筱月英为此非常感动，确信孙正阳为人实诚可靠。当然，他们的恋爱也不能说完全一帆风顺，筱月英的母亲曾经为毛脚女婿空手上门提出过"小气"的质疑。其实，孙正阳当年工资虽然相当高，但他全部上交

孙正阳、筱月英结婚照

母亲，身边除了极少的零用，几乎没有钱，而且也不大知道如何花钱。这一点，现在的年轻人觉得不可思议，而当年确有不少重视礼教的大家庭就这样要求子女，和现代的"啃老族"相比，真是判若云泥了。筱月英看法正与其母相反，他认为这正是孙正阳重家庭、重亲情、无虚情假意的好品质，坚信嫁这样的男人一定是终生有靠的。很快，自孙正阳从访苏

孙正阳、筱月英婚礼

模范夫妻

演出归来,他们就开始操办婚事,孙正阳把从苏联买回的电唱机、高级收音机作为聘礼,当时这些都是十分珍稀的奢侈品,他为当年的"小气"重重地补上了一笔。1957年3月8日,一对新人喜结连理,同行们纷纷前来祝贺,黄派创始人黄桂秋还亲手画了一幅蝴蝶作为贺礼。从此,幸福和谐的家庭伴随着孙、筱两人有价值的一生,"模范夫妻"的称号在文艺界有口皆碑。

社会上似乎常有这样的非议,认为文艺界人士对恋爱婚姻问题往往不够严肃认真。在五六十年代,这种情况虽然不多,但一旦出现,则被认为是重大的品质问题。现在当然观念改变了,社会舆论也不是那么激烈,但从传统道德而言,这毕竟不是什么光彩之事,至少有损于公众形象。孙正阳和筱月英这对恩爱夫妻,确实是文艺界的楷模。最可贵的是,他们从青年到暮年一路走来,不管社会怎样动荡变化,他们的情感始终如一,家庭超常稳定。用筱月英的话来说:"我们这一辈子几乎没吵过架,没红过脸。"这样的状态,别说是文艺界,整个社会有几家能做到?在青年时期,他们共勉共

孙正阳、筱月英夫妇

进,献身于舞台;在"文革"动乱年代,他们患难相从,同历劫难;在大变革期间,他们又同赴异国,历验游子之情;在垂老暮年,他们尽享天伦,深感蔗境之甜。尽数其中,唯一不变的就是他们始终相濡以沫,长伴不分。去年,他们度过了钻石婚纪念日,出了一本记录"模范夫妻"终身相爱的纪念册,为一对德艺双馨的艺术家记录下了既普通又不平凡的精彩艺术人生。

孙正阳、筱月英钻石婚纪念册

从新中国成立到"文革"前,这是孙正阳一生的黄金时期。在艺术上,他年富力强,正处在最佳的上升阶段,已从"名家"逐渐向"艺术家"过渡。事业上,他深得各级领导的信任和器重,并进入了最高领导的眼帘,1961年又加入了中国共产党,成为党和政府重用的主流艺术家。生活上,他已有了美满的家庭,经济上宽裕舒适。总之,百事如愿,前景光明一片。如果,历史始终能循着正常轨道行进的话,孙正阳或许即将成为丑行翘楚人物,留给后人更多的艺术创造。又或许能成为文艺界的领导,引领京剧事业的健康发展。但好景被十年动乱打破了,和全国大多数人一样,孙正阳也开始了坎坷跌宕的人生阶段。

第三章

动 荡 年 代

一、风雨前夜

京剧原本是中华民族的传统文化艺术,演员们其实也仅是国粹艺术的传承者。但在一些特定的年代,有人就想把它和政治紧紧地牵扯在一起。以前的当政者称其为"高台教化",虽然包含了教育的成分,但终究还是作为娱乐的形式存在于社会,官方从来也未认真地对京剧舞台演出作过严格管理。新中国成立后则不同了,文艺演出作为党的宣传教育工作的一个部分,国家自然要对其全面掌控。毛泽东早在《延安文艺工作座谈会》上就强调"文艺为政治服务",也就是说,文艺应该从属于政治。既然毛主席文艺思想是指导文化工作的总方针,那么,京剧演出当然就应该坚持为社会主义政治服务。但京剧毕竟延承了近二百年,它所表现的内容基本上是被称为封建时代流传的故事,要使它很好地为社会主义服务,具体操作起来就不太容易。所以,新中国成立后十余年,如何正确地在京剧界贯彻毛主席文艺方针,文化部门各级领导都颇为踌躇,有点伤脑筋。把京剧整体脱胎换骨,有糟蹋传统文化之嫌,广大观众也不能接受,显然不行。但因循沿旧,不动手术,如何与社会主义扯得上边?具体执行中的分寸把握确实很难。戏改、整风反右、大演现代戏对京剧繁荣都有一定的负面影响,这点,文化部门领导心知肚明。但不改革又不行。在1960年,文化部提出"三并举"方针,即传统剧目、新编历史剧、现代剧齐头并进,同时发展,这算是领导们煞费苦心想出的尚属可行的一个折中方案,主要还是突出京剧的娱乐功能。毛主席对此深感不满,在1963年末,严厉批评文化部是"帝王将相部""才子佳人部""外国死人部"。一石激起千层浪,文艺界形势迅速"左"转,京剧舞台首当其冲,一场风暴即将来临。

1964年,京剧现代戏观摩演出大会举行是京剧界风雨的前奏,国家已经把京剧大演现代戏当作重大事件来抓了,当时称作京剧革命。周恩来总理亲自过问此事,动员了全国19个省、市、自治区,29个剧团,演出了35个剧目。大会历时近两个月，毛泽东、刘少奇、周恩来等都多次观看演出，有关领导作了公开讲话，调子都很高，把这次京剧革命看作是"文艺界一场阶级斗争"。究竟为什么要这样大动干戈，把演现代戏当作重大政治事件？至今大家都讳莫如深，不愿深究，但有一点可以明确，最高领导对戏曲界"三并举"方针的执行状况是相当不满的。在1964年，更进一步批评文艺界"已经跌到修正主义的边缘"。大家也都只强调正面理解，认真服从，也确实调动了相当程度的创作热情，创出了《红灯记》《芦荡火种》《智取威虎山》《奇袭白虎团》《黛诺》等流传至今的优秀剧目，为日后的"样板戏运动"打下了一定的基础。

上海京剧院历来是京剧界一个重要阵地，不但在艺术上是支劲旅，在政治上贯彻党的文艺方针方面也始终是积极向前的。1958年开始，上海京剧院就积极创排现代戏，虽然成功率不高，但也有《林海雪原》《赵一曼》《红色风暴》等当时确有一定影响的剧目呈现。到了1964年前后，又推出了《海港早晨》《柜台》《送肥记》《审椅子》等新剧目，引起了中央领导的重视。1964年的现代戏大会，上海选送了两台公演剧目《智取威虎山》（由《林海雪原》改编）和一台折子戏（由《战海浪》《柜台》《送肥记》《审椅子》四个剧目组成）。《海港早晨》列为内审剧目，最出彩的当然要数后来列为样板的《智取威虎山》了。《智取威虎山》原创于1958年，由申阳生、黄正勤、李桐森、曹寿春等根据小说《林海雪原》集体改编，陶雄、李仲林、李桐森为导演，李仲林饰杨子荣，纪玉良饰少剑波，王正屏饰李勇

《林海雪原》说明书

奇，贺永华饰座山雕，李桐森饰定河道。原作的杨子荣定位属武生行当，以武打念白为主，很少唱，打虎上山一场唱昆腔。少剑波归老生应功，唱段基本都为西皮。汇演前，中央领导就看中此剧，但仍觉得有不少缺陷，特别是杨子荣形象不丰满，没有大段唱腔很难突出第一主角的英雄形象。那时，北京京剧团也有个同题材的剧目《智擒惯匪座山雕》，由马长礼扮演杨子荣，谭元寿扮演少剑波，据说也颇受观众欢迎，并灌有唱片。但经过整体比较，上面还是选中了上海京剧院的本子，并要求对该剧进行较大程度的改动，主要要将杨子荣行当定位由武生改为文武老生。这样，由谁来扮演杨子荣成了亟待解决的重大难题。上海京剧院优秀老生演员众多，但要武功好又擅长唱会表演的老生确实比较难找。曾经想过从宁夏调李鸣盛或从内蒙古调李小春来担当，由于种种不便被否决了。在院内选用贺梦梨嫌分量不够，想到的另一人选就是跨行的孙正阳了。

孙正阳在上海京剧院一直受到重用，按理说，在大演现代戏这样重要的运动中应该有突出表现。事实上，孙正阳在京剧院选排的现代戏中确实没有担任过重要角色，只在《踏破东海千层浪》中与童祥苓、张南云同任主演，在《林海雪原》中扮演次要角色刘维山（一撮毛）。或许是因为在1958年和1964年两个重要时段，孙正阳都在国外经历长达半年的出访演出，也或许暂时还没有他合适的要角承担，孙正阳这位非常适合演现代戏的名角至今尚未得到应有的发挥。出演杨子荣正是一个好机会，孙正阳武功好，一口纯正的京白且擅长表演，唱功也过得去。于是在1964年，他出国

《林海雪原》演员表

回来后，便和童祥苓搭档（童饰少剑波），接排一团的《智取威虎山》，正式出演杨子荣。为此，他们还认真地去大连防化兵连队，体验军队战士的生活。毕竟隔行如隔山，孙正阳虽然也成功地演了几场，但从丑行变成文武老生，他内心不免忐忑，始终没做长久打算。其实，演员们并不完全知道，江青已选中了该剧作为她京剧革命的"试验田"。她在锦江小礼堂接见剧组演员，并指定孙正阳扮演栾平。孙立即表态："我是丑角演员，演栾平合适。"江青说："杨子荣你还是B角，还要好好练唱。"

孙正阳与童祥苓（右）演《智取威虎山》

《智取威虎山》孙正阳演杨子荣

孙正阳当然明白，这只不过说说而已，他必须尽最大的努力，把栾平这一个小角色演好。在江青、张春桥的干预下，上海市委宣布成立《智取威虎山》剧组，章力挥任组长，创作组有陶雄、刘梦德、丁国岑、高义龙，导演组李仲林、关尔佳、马科，音乐组刘如曾，舞美组幸熙。剧本做了较大的改动，唱段全部重新谱写。演员除贺永华不变外，其他都作了新的调动，童祥苓饰杨子荣，沈金波饰参谋长，施正泉饰李勇奇，齐淑芳饰常宝，孙正阳饰栾平。这些演员都经过精心筛选，形象、表演能力都非常合适，新排的戏在北京演了几次，包括毛泽东在内许多高层领导

《智取威虎山》之栾平

都莅临观看。据说，贺永华的座山雕和孙正阳的栾平得到一致好评。这样，这些角色在一定程度上具有不可替代性。这次的改排基本上给后来的样板定下了雏形，该剧的剧组以后就升格为样板团。

虽然上海京剧院即将担任京剧革命中的重要任务，但全院上下并没有一种欢欣鼓舞的兴奋感觉，整个气氛显得凝重紧张。因为文艺界已经滑到修正主义边缘，那么，哪些事情属于修正主义性质？谁应该承担其中的责任？领导也说不清楚，演员们更是一片迷茫，唯恐不知不觉地犯了什么政治错误。但有一点大家是清楚的：今后老戏大概不能再演了。演员们偶尔吊嗓子，唱段《盗御马》，都要声明一下："我唱的不是帝王将相，是农民起义军。"据京剧评论家王家熙回忆，当时政治学习，大家竞相高调表态，一个比一个"左"。特别是李玉茹、童芷苓等大牌名角，更是紧张，因为她们过去多多少少与国民党达官显贵有些来往，生怕成为未来运动的对象，而遭灭顶之灾。孙正阳出身贫苦，新中国成立前还是个小孩，显然没什么历史污点，而且平时人缘又好，倒没有太多的紧张感觉。只是对一时无戏可演，感到失落和无聊。

二、非常年代

"文化大革命"的全面展开是在1966年，但文艺界作为"重灾区"，风暴来得相对更早。1965年，上海市委就派出以言行、章力挥、闻捷为领导的工作组接管上海京剧院，周信芳、吴石坚、孙均等原来的领导都靠边接受审查，上海京剧院被定为"被封建帮会家属势力把持的黑窝"。这样，京剧院内的周信芳、童芷苓、李仲林、郭坤泉等与这类"罪名"沾边的，都成了运动批斗的目标，与其有关联者无不战战兢兢，不知哪天就会被划到阶级敌人一边。

"革命"烈火越烧越旺，运动的形势犹如决堤的洪水，很快就到了失控状态。1966年的夏天，红卫兵、造反派们各自拉起了山头，脱离了领导的掌控。上海京剧院同样处于一片无序状态，言、章、闻等工作组负责人也渐渐失去了控制能力，他们也不清楚运动应该如何进行。随着运动的升级，斗争面越来越大，运动的目标从"党内走资本主义道路当权派和资产阶级反动学术权威"一直扩大到一切"有问题"的人。在"横扫一切牛鬼蛇神"口号引领下，上海京剧院私设了"牛棚"，把称为牛鬼蛇神的人都关了起来，一些名家、权威以及部分当时的领导都难逃此厄运。孙正阳当时是四级演员，本属"三名三高"之列，但由于他历史清白，为人善良，革命的狂风倒没有扫到他。鉴于他的身份，又不便参加某个战斗队投身运动。因而，他和张美娟、纪玉良等同类人成天学习学习报纸，看看大字报，处于不知所措的状态。其实，他内心对于这类革命的红色恐怖是很反感的，至今谈及当年京剧院的某些造反派，他都表现出本能的厌恶。但他也没有胆量写大字报反对他们那些行为，尽量求自保已是正派的人们运动中最理智的表现了。

上海京剧院的运动也和其他单位相似，斗倒了当权派以后，各个造反组织就为了权力的争夺开始打起了"派仗"。当时院内主要的两派组织是以学馆学生为主体的"毛主席革命路线红卫兵"（简称"路线兵"）和以年轻编导人员为代表的"无产者联合战斗队"（简称"联战队"）。两派都打着批判周信芳的旗号，内战不息。这时对"牛鬼蛇神"的管束相对有些放松，除非是被扯入"内战"的关键人物。孙正阳对哪一派都没有好感，对无休止的"派仗"更是厌恶，正好有个避免硝烟相对清静的机会。其实，上海京剧院的运动一直受着高层的关注，它的特殊性在于院内存在着两个重要剧组——《智取威虎山》剧组和《海港》剧组。它们是江青直接管辖的样板戏试验田，不管运动如何进行，演好这两个剧目始终关系到"文艺革命"的成败，也是江青、张春桥等内心最关切的事情。所以，这两个剧目的排演不能受到任何干扰，谁要越过这道红线不但要马上制止，而且要受到制裁。应该说，这一原则京剧院的造反派们大致是清楚的。但具体处理起来有些复杂。例如，童芷苓是江青点名要批判的，但童祥苓却又是《智》剧的一号主角，斗争童芷苓可以，但要连带揪斗童祥苓就有踩红线的危险。同理，要批判走资派齐英才可以，要批斗其妹齐淑芳就不行。上海京剧院流传过齐淑芳脚踢大字报的故事，有人贴了齐淑芳的大字报，要她揭发其兄，齐飞起一脚，将大字报踢碎，当时引起的风波也不小，但齐淑芳仍安然无事。也就是说，进入样板剧组的成员不但在经济上有着相对优厚的待遇，在政治上也受到了一定程度的保护。特别是一些具有不可替代性的主要演员，如童祥苓、李丽芳、沈金波、齐淑芳、贺永华、赵文奎等，当然孙正阳也在其中。在1967、1968年，虽然运动还处于无序状态，但这些演员的安全保障大致无需担忧了。到了1969年，派性受到严厉的批判，极端分子也陆续被处理，剧组升格为样板团，上海京剧院的主要工作就是演好"样板戏"了。

孙正阳在"文革"运动中虽说尚属侥幸，没受到冲击，但筱月英就没那么运气了，她经历了胆战心惊的岁月。"文革"前，筱月英在春泥越剧团任头肩花旦。该团于1960年成立，由"天鹅""合众"两剧团合并而成，属民营公助集体所有制，归徐汇区文化局领导。主演为筱月英（花旦）、焦月娥（小生）、任伯棠（老生），骨干有青年编剧乐秀琴等。这类单位相比正式国营大剧团人员成分复杂，整体素质相对较低，领导也不够坚强。在"文革"初期很容易出现混乱局面，上海京剧界最早也是像黄浦京剧团那样的民营剧团先乱起来的。筱月英当时在团内的地位，既是当权派，又是"反动权威"，受到冲击在所难免。而且，这类单位一旦失控，不文明行为就会逐步升级，相当可怕。该团的女老生任伯棠因受不了屈辱，曾两次自杀。筱月英非常害怕，多次检查也未能过关。随着运动升级，暴力也随之加剧。1967年，上海爱华沪剧团著名演员（沪剧《红灯记》李玉和扮演者）袁滨忠因受不住私刑拷打，上吊自杀。这引起了上海文艺界的震动，许多与其处境类似的"另类们"一片恐慌。筱月英忙中无计，为保命选择了逃跑，逃出上海，在嘉兴一个叫马王塘桥的小村庄亲戚家避难。孙正阳极其担心妻子的安危，不时地要去乡下探望并送些生活必需品。那时交通相当不便，时间太长又怕被人发觉，经常傍晚乘坐上海到杭州的慢车，晚上就走在坎坷不平的乡村田埂上，到次日凌晨方归，就这样不顾疲惫地在荒村野外度过惊怵的黑夜。当时农村还算保持了较好的传统道德，虽然追寻筱月英的帮凶们贴出了通缉令，勒令她返回"牛棚"，但在善良的农民们保护下，他们并没有得逞。有一次，上面来人视察上海京剧院，当时一个造反派头目当面向"上面"报告"敌情"："孙正阳的臭老婆筱月英逃跑了。"孙正阳当时就在场，心里怦怦乱跳，心想事情就要变大，后果难以想象。或许孙正阳在《智》剧中的地位，"上面"竟然"顾左右而言他"："谁是筱月英啊？"这场劫难就这样躲过去了，但那位落井下石者的嘴脸让孙正阳牢记了一辈子。

三、成功塑造反角

《智取威虎山》是第一个拍摄完成的样板电影，这个剧目最后确定由上海京剧院担当也是经过反复权衡的，其中的角色都经过精心挑选。孙正阳在"文革"中能免遭厄运，虽有运气成分，更重要的是他极其出色地塑造了反派角色栾平。江青等人觉得这个角色只能是孙正阳演，无法替换，超群的技艺保障了他运动中的平安。可以这样说，孙正阳在《智》剧中的创造是他艺术境界又一次升华，他超凡的艺术创造力得到了深度发挥。首先，他在该剧中的成功得到业内外公认：这就是栾平！反之，不这样演就不像栾平，以后扮演栾平的演员无一不循他的路子，这种定性型首创不是一般人能做到的。其次，他塑造的角色不比以前的蒋平、海周，总有一定的借鉴，而栾平这个角色几乎无从借鉴，全靠演员自身的想象力，对人物的理解力和创造力，这样的艺术天赋通常不是一般人所有的，孙正阳做到了。可以说，栾平的每一个动作，每一处表情，每一句台词，无不经过他认真的思考和反复的琢磨。

栾平是个小角色，但孙正阳始终极其认真地对这一角色进行打磨，每次演出都有较强烈的舞台效果。在当时突出正面人物弱化反面人物的"样板原则"引导下，领导觉得反面角色显得太嚣张，于是栾平的戏份一减再减，最后减成两场戏，加起来时间也只有十分钟左右。但孙正阳并不因戏份少而松懈，反而抓住了每一个环节，精心表演，一举一动处处是戏，活脱脱塑造了一个狡诈土匪的生动形象。前一场是杨子荣审栾平，他战战兢兢地走着懒步上场。当杨子荣问他"交代得怎么样"时，他说得很快："我是愿意坦白的，有什么交代什么。"这是早就想好的。当杨指出他还有一样东西没交代，他开始略有紧张，但仍顽抗："除了身上穿的，我是一无所有。"并装出坦然的样子。"一张图！"声如炸雷，他已感到事态不好，伸出手连说："别忙，我想想……"但嘴上还撑着："听说是有这么一张联络图……"还想试探对方究竟了解多少，继续撒谎："长官，别误会，这是许大马棒的至宝，我连见也没见过。"杨子荣愤怒了："栾平，你应该懂得我们的政策！""我懂，我懂，坦白从宽，抗拒从严。"仍不松口。"那我问你，在奶头山是干什么的？""这您知道，我是联络副官。"致命一击："哼，联络副官不交代联络点，也没见过联络图，看来你是不想说实话?！"他居然还做了个无奈的姿势。一声："押下去！"栾平清楚了，

杨子荣审栾平

杨子荣不愿与他再废话，也意味着对方已完全了解了联络图的缘由，他崩溃了："不，不，我该死，我对不起长官，许大马棒是有一张秘密联络图，画着秘密联络点有三百处啊！这图现在我老婆手里……"他又耍了个小心眼："这么着，你把我放

了，找到我老婆，把图献给长官，争取宽大处理。"这些话他都说得很快，栾平还在想死里求生。狡猾的狐狸总是斗不过好猎手，杨子荣识破了他所有鬼伎俩，栾平灰溜溜地被押了下去。在这一小节戏里孙正阳把栾平色厉内荏的内心活动表现得相当到位，短短几分钟的戏演得精彩至极。

前一场戏只是杨子荣和栾平较量的前奏，真正的生死相搏是在威虎厅上的"舌战"。那时情况不同了，战场在土匪窝里，周围都是敌人，杨子荣孤身一人，要不动干戈地借座山雕之手除去隐患，其难度可想而知。童祥苓演得十分出色，充分表现出杨子荣机智、沉着，大无畏的英雄气概。孙正阳演栾平作为反衬，同样非常出彩，把两人几番较量直到输个精光的过程表现得淋漓尽致。栾平刚一上场，显出逃生后的兴奋，终于回到匪窝了，频频地与座山雕及八大金刚打招呼。座山雕冷冷地问他："你来干什么？"他找了一个最合理的理由："给三爷拜寿来了。"接着问："打哪儿来？"栾平选择了一个比较稳妥的谎言："我从侯专员那儿来。"从此他就掉进了套子，再也难圆其说了。杨子荣上场，两人四目相对，各自愣了一下。杨子荣先发制人："栾大哥！……我胡彪祝你高升哪。"孙正阳扮演的栾平目光从惊愕变成狠毒，还略带着一丝喜悦，他认出了杨子荣，心想今天你该落入我手了，他做了个野土匪习惯的咬手指动作，齿缝里迸出："好一个胡彪！你不是……"杨子荣一点也不给他机会，一串胸有成竹编好的故事搅得栾平头脑开始发晕："是你的不是还是我的不是？……快回三爷的话，到这儿有何公干哪？！"一阵莫名其妙后，他冷静下来，推开杨子荣，面向座山雕："三爷……"杨子荣丝毫不松懈："今儿是三爷的五十大寿，没工夫听你说废话！"座山雕倾向明显："少说废话，我只问你干什么来了？"慌乱中栾平又说错："投靠三爷，改换门庭。"这和前面说的从侯专员那儿来显然矛盾。在一阵质疑之后，他只好改口："我不是从侯专员那儿来。"于是在哄乱中被人骂："真不是玩意儿。"他再次冷静下来，孙正阳这里着重表现了栾平这个惯匪的刁顽、狠辣："别笑了！"他拉开手势大喊："你们都中了奸计了！"这招果然有效，威虎厅静了下来。于是，他咬牙切齿抛出杀手锏："他不是

威虎山生死舌战

胡彪,他是共军哪!"童祥苓扮演的杨子荣真是不同凡响,紧急关头,毫不慌乱,一阵大笑后,冷静地要栾平谈一谈他共军的来历。这一下使座山雕再入迷局:"你说他是共军,你怎么和他认识的?"这一问戳中了栾平的软肋,他最怕座山雕知道他被共军俘虏过:"他……他……"他不敢回答,注定了这场败局。杨子荣乘胜追击,咬住了"踏破山门留脚印,要把共军引上山"的短处,使栾平有口难辩。紧接着派三连长加岗巡山,博得了座山雕的好感,天平完全倒向了杨子荣一边。孙正阳再次表现了栾平的阴毒,至死顽抗,乱锤中起叫头,阴森森地带着惨音最后一搏:"三爷,他真是共军哪!"杨子荣面对凶恶顽匪的垂死挣扎,毫不留情:"姓栾的,你好狠毒!……今儿有他没我,有我没他,留他留我,三爷,您随便吧!"逼迫座山雕要马上做出选择。随着一声"三爷不会亏待你",栾平知道,他已经彻底输了。座山雕一把抓住他的衣领,孙正阳做了个脚尖滑步跌这传统戏中从未有过的动作,这一独创,表现了栾平内心崩溃。但他还不甘心,眼珠飞转,决定暂时服软保命。"三爷!"惨厉的哀求。"胡彪贤弟!"这输得真有讽刺意味。"各位老大……"为求生已然手足无措,孙正阳的表演发挥到极致。杨子荣绝不能放过他:"三爷,弟兄们都等着给您拜寿呢。"再次催促座山雕做出决断。"嘿,嘿,嘿……"座山雕终于发出瘆人的阴笑,杨子荣毫不犹豫地抓住机会:"都交给我了。"抓住衣领,孙正阳一个抢背摔出去。再次提起衣领,童祥苓急唱四句快板,随着腔落,孙正阳做出了《活捉三郎》中张文远临死身段,被提了下场。他比张三郎死得更惨,这就是惯匪栾平与人民为敌的下场。孙正阳对这一人物的塑造可称空前绝后,被公认为"第一栾平"。

《智取威虎山》虽然创演在一个非常年代,但确实是京剧现代戏中一个经典之作,具有强大的生命力,至今常演不衰。它并不因为某些人曾企图独占其功而减弱他的光彩,它是众多艺术家的集体辛劳的结晶。且不说编剧、导演、作曲、舞美及文武场琴师、鼓师们的共同努力和精心创造,这些主要演员都为自己的角色付出了毕生心血。童祥苓饰演的杨子荣、沈金波的参谋长、贺永华的座山雕、齐淑芳的常宝以及孙正阳的栾平都是一时无两的最佳人选,他们确实为以后的传承树立了样板。几十年来,许多剧团都在复排《智取威虎山》,虽然都不及原版,但仍是很受欢迎卖座非常好的剧目。也出了一代又一代的新栾平,其中萧润年、徐孟珂等都很出色,但他们毫无例外皆遵循孙正阳的路子。艺术的生命力就在于此,舞台认同、观众认同就是硬道理。

继《智取威虎山》《海港》成功演出后,上海京剧院又接到排演《磐石湾》《龙江颂》的新任务,孙正阳进入了《磐石湾》剧组,担任一个新的反派角色,国民党特务"08"。该剧题材源于话剧《南海长城》。由广州军区话剧团采访福建前线所编写的故事,1964年正式公演,得到中央领导的肯定和重视。于是,京剧、越剧等各剧种纷纷移植改编,最早的京剧演出本是北京风雷京剧团的改编本,由吴素秋、姜铁麟、林雅雯等主演。1975年,上海京剧院做了较大的改动,由阿坚编剧,演员阵容强大,由李崇善主演陆长海,王梦云饰曾阿婆,齐淑芳饰海云,华文漪饰巧莲,施正泉饰项武伯,周鲁中饰海根,陈正柱饰特务头目丁文斋,孙正琦饰海匪黑头鲨,孙正阳饰特务"08"。剧情描写我国东南渔港磐石湾民兵连长陆长海,带领当地民兵,与一股企图登陆的美蒋特务斗智斗勇,终将其歼灭的故事。上级对该剧排演十分重视,准备把它打造为第二批样板戏,由著名导演谢晋执导,很快拍成了艺术影片。该剧也经过精心排演,主角李崇善、王梦云及反派角色孙正阳均有出色的表演,陆长海的几个主要唱段相当别致好听,也得到了较广泛的流传。客观地说,该剧整体水平与《智取威虎山》尚有一定的差距,题材、剧本结构、舞台编排都有些

孙正阳饰《磐石湾》之特务"08"

欠缺，全剧流传的程度相差很多。但孙正阳的表演仍是其中的一个突出亮点。

孙正阳在戏中扮演一个国民党专业特务，他接了这角色后就做了认真的人物分析，"08"是一个受过职业训练的高级敌特，与栾平完全不同，有点西洋军人的派头。所以，他多用武生的动作，有几个"盖派"的身段，但又不宜过分美化，神态上要突出其狡猾、阴险。"08"在全剧中的戏份仍然很少，严格地说只有一场戏，但这场戏是他与主角陆长海的两人对手戏，非常精彩。这场戏前面有个铺垫，特务头目黑头鲨和丁文斋在舰艇上给"08"布置任务。孙正阳一上场，一身西洋茄克军服笔挺，打领带、穿皮靴，完全一个职业特务形象。他的任务是潜水登陆与一个叫裴二能的潜伏特务接头联系，然后接应大队匪特上岸进山，伺机搞破坏。民兵连长陆长海已经掌握了这一动向，他假扮裴二能的朋友来与"08"接头，这场戏就在这一背景下展开。"08"一身时装短打，出现在裴二能屋前。陆长海"放野狗爬上岸一路跟踪"，想好了"垂钓钩投香饵"之计，进入了裴家。"08"见他"大摇大摆破门而进"，认为"此人就是裴二能"，于是假称"赶海人"，也进了裴家。两人对面，"08"一愣，满心狐疑："裴二能已过四旬，此人如此年轻？"为了弄明情况，开始搭讪。陆长海欲擒故纵，故意不理不睬。"08"有些着急，指出陆长海不是这屋的主人，为何深夜进入别人的家？陆长海也假装发怒，质问其盘问的居心。"08"早有准备，骄矜地甩出公安人员的证件，要陆马上找到裴二能。陆长海见鱼儿一步一步地上钩，再放长线，表示要离开。接着，两人绕桌子推磨，孙正阳演的"08"面露一丝喜悦，猜想来人可能是"自己人"。

陆长海继续推三推四，等着特务吐实情，使其"步步落入我手心"。当"08"强要立刻找裘时，陆长海突然翻脸，警告："门外已布满岗哨，要是耽误大事，你能担当得了?!""08"顿时惊慌，此时海云带领民兵，配合陆长海假戏真做，进屋检查。躲在柜子内的"08"此时已然相信，陆长海是裘二能发展的"自己人"。陆长海丝毫也不给敌特留下思考时间，等他慌慌张张地从柜中出来，便劈头盖脸地责骂其"愚蠢不堪"，指出证件是假的。"08"像泄了气的皮球，一下子失去了不可一世的姿态，但他仍坚持要搞清陆"忽暗忽明"的身份。陆长海此时胜券在握，明白地相告："是裘二能的全权代表"，并暗示他"不带香烛黄表，休想拜佛入庙"。在用美元、金条试探以后，"08"已然解除了防范，拿出了黑头鲨的佩刀，开始核对关键的暗号。鳌鱼终于上钩，陆长海正中下怀地拿出了早已准备好的刀鞘。经过了"刀出鞘，鞘对刀，老僧归古庙，原物配原套"一套程序之后，"08"吐露了敌特的计划，随之束手被擒。这场戏十分紧凑，一气呵成，两位名家旗鼓相当，有极好的舞台效果。其中精彩之处主要有以下几个方面：首先，这场戏最大看点是两人的对

孙正阳与李崇善合演《磐石湾》

《磐石湾》之"刀对鞘"

白，针尖对麦芒，环环相扣，一句紧似一句，而且其中真真假假，变化多端，要把握好语气、分寸，并念出人物内心，需要相当的功力。李崇善很出色，语锋锐利，处处先机，气势夺人。孙正阳作为反衬，艺术表演上丝毫不落下风，语气由强到弱，非常自然顺畅地表现了敌特步步落入陷阱的过程。其次是两人的表演，心理刻画相当到位，刀对鞘时的一组身段干净利落，双方配合得极其默契。孙正阳老师在后来的采访中还特别提到了这一节，因为李崇善个子不高，为了突出正面人物，他要始终"存"着身子顺利完成这套动作，就更增加了难度。再者，两人的背供唱也是一个重要亮点，不但要唱得好，还要唱出情绪和内心，老生能做到已属不易，丑角要唱到如此水平就更难了。孙正阳充分发挥了他演唱的强项，唱得非常完美，给观众留下了难忘的印象。

孙正阳这两出现代戏给后人留下了珍贵的范本，而且一定程度上起了定型的效果。过去京剧界常有一种表达演员超凡艺术境界的提法，称盖叫天是"活武松"，马连良是"活孔明"，叶盛兰是"活周瑜"，就是说他们演得非常神似。其实，谁也没见过武松、孔明和周瑜，怎知相像程度如何？实际上是这些大艺术家把所演的人物琢磨透了，并牢牢地刻在内心，表演时始终想着"我是××"。这是一种独特的艺术创造，能使观众有一致并长久的认同性，也就是一种定型效果。比如说，武松就应该像盖叫天那样，不这样演就不像武松。能把一个人物做到定性的艺术家是非常罕见的，这需要有相当的艺术修养和非凡的艺术创造力。当然，如要把孙正阳与以上所述的大师们相比，确实尚有差距，但在一个很小的局部，他做出了类似大师们的业绩，把"活栾平"呈现在了京剧舞台上。这就是他的艺术升华，这就是他艺术创造力的突出表现，广大观众认同了。

四、长艺苦海

在"文革"中京剧艺术与其他文化事业一样，都遭受了严重的破坏。一方面，所有的传统戏都不能上演了，即便是现代戏也要经过严格的审查,京剧舞台上只剩下"文革"的新权贵们认定的样板戏,原来十分丰富的京剧剧目变得空前凋零。更为惨痛的是绝大多数京剧演员都挨批挨斗,侥幸无事的也陷于失业状态,其中包括了不少艺术大师和许多业已成名的艺术家,也包括了一大批艺事初成上升势头正健的中青年佼佼者,这些优秀人才的大好艺术光阴被整整耽误了十年之多,还有为数不少的艺术家就此葬送了宝贵的人生。这一人文领域的损失之大是无法估量的,无数精英惨遭迫害,千万家庭历经破碎,传统文化灾难性地丢失,这样的创伤至今还未能愈合。以至于"振兴京剧"口号喊了四十来年,舞台上的艺术水准仍与五六十年代相差甚远,许多老戏迷回顾那时京剧的花团锦簇,无不感慨"黄鹤一去不复返"了。

如果说,动乱中还有很少量幸运儿存在,那就是有幸进入样板团的这批人了,孙正阳即是不幸中的有幸者。当然,这其中有运气成分,也有一些必然因素。那时,只有北京、上海、山东三地存有样板团,天津偌大个京剧重镇竟然无此好运,武汉、辽宁、江苏、河北都是京剧人才济济,艺术家辈出的地方,也旁落在外。样板戏的艺术思想强调"三突出",所以,剧中角色的安排不像传统戏那样生旦净丑并重,生旦为主,戏份很重,净角基本属于辅佐,丑角则完全处于边缘状态了。《红灯记》只有磨刀人和侯宪补归丑行,后者还用老生曹韵清扮演;《沙家浜》的丑角刁小三和刘副官,这些人都连个真名实姓也没有,也没给观众留下多少印象;《海港》的钱守维倒是著名大丑艾世菊,可惜艾老的发挥远不如他演传统戏那样精彩;《奇袭白虎团》中的丑行基本属于龙套类的角色。丑角中唯一有光彩、给观众留下了难忘印象的只有栾平了。孙正阳属于幸运者,但更主要的因素还是他个人的艺术天分和勤奋努力。他本是个很有创造性的演员,塑造新角色原是其强项,更加上他勤思考,善听意见,而且不因角色小而懈怠,这些因素都促成了他样板戏中第一丑角的结果。

戏曲界历来注重"拳不离手曲不离口",京剧演员理应天天演出或练功,否则,技艺很快就会生疏甚至荒废了。"文革"期间,绝大多数艺人无戏可演,濒临失业状态,艺术水准大幅度下降是理所当然的事。例外的就是位处样板团的有幸者，他们的艺事不但没有荒疏，反而有了一定意义上的长进，钱浩梁、刘长瑜、杨春霞、童祥苓、宋玉庆以及本书的传主孙正阳等均属此列。钱浩梁本工为武生，后经组织重点培养，拜李少春为师，功习文武老生，后自担纲《红灯记》主角以后，技艺精进，在唱功和表演上有了阶梯式的提高，对塑造人物的理解也有了质的飞跃。童祥苓本属老生演员，在当年老生名家云集的时代并不十分抢眼，自主演《智取威虎山》杨子荣后，文武兼优，令人倍加刮目。宋玉庆原在山东京剧团并未位列主演，因扮相好及跟斗翻得出色被选中主演《奇袭白虎团》严伟才，在殷宝忠等老师的辅导下，演唱有了极大的进步，其后不但能演《野猪林》等很吃功的文武老生戏，还常演《二进宫》这类纯粹唱工老生戏。孙正阳在此期间水平也有明显的长进，表现在艺术思想和艺术技能各个方面。首先，按照样板团的规定，每天坚持练功是必须的，孙正阳历来比较勤奋，幼时的基本功又扎实，所以文武两方面的功力始终保持着相当高的水准。更重要的是他通过在样板团的历练，对人物塑造有了深一层的理解，对怎样用表演技巧刻画人物内心有了独到体验。这为他在以后艺术境界的再次提升做了有效的前期准备。

孙正阳老师在谈起这段时期的经历时颇为感慨："我们《智取威虎山》剧组是那时第一部开拍的戏曲艺术片，主管部门要求非常高，不停地试拍，不停地修改。空余的时间就练功。那时我们住在北京城南的北纬旅馆，天很冷，早上就冒着严寒喊嗓子、踢腿、练各项基本功。白天排练、试拍、讨论、修改，还要抽时间政治学习。生活相当枯燥，但大家都不敢有丝毫懈怠。"就是这样的生活，在"十年动乱"时期已经算是超级幸福了。首先，大家基本不用担心政治上的安全问题，进了剧组就大体上可避免被批斗、关"牛棚"的灾难。其次，大家的生活条件有了难得的提高。服装是公家发的，伙食水平要比普通老百姓高出一大块。最令始终钟爱京剧艺术的演员们欣慰的是，他们有了来之不易的练功、演戏的权利，成为没有离开舞台的少数者，挣得难能可贵的艺术水平的长进，可称为苦海长艺。这些幸运者机会实属难得，也有明显的效果。在八十年

《智取威虎山》
剧组在野外

代初,开始恢复传统戏时,大多数被荒废十余年的演员们初登舞台就感
到本能的力不从心。而一直坚持练功和演出者状况就不同了:刘长瑜一
出《春草闯堂》演得飞扬跳脱,满台生辉;杨春霞一出《凤还巢》唱得甜
美流畅,珠走玉盘;齐淑芳更是文武俱长,能演《三堂会审》《火凤凰》双
出。孙正阳当时已近五旬,但宝刀不老,功力不减,舞台表演更是游刃有
余。从1976年拍摄的《挡马》戏曲艺术片就可看出,他正处于艺术全盛
时期,繁难的武技竟演得如此漂亮、洒脱。

　　革命现代京剧的拍摄工作自1969年《智取威虎山》开始一直到
1976年,拍成并公开放映的计有(按时间顺序)《智取威虎山》《红灯记》
《沙家浜》《奇袭白虎团》《海港》《龙江颂》《红色娘子军》《杜鹃山》《平
原作战》《磐石湾》《审椅子》《红云岗》共十二部电影。客观地说,单就
艺术而论,这批作品的水准还是属于比较高的,或多或少都有一定的传
承价值。从专业舞台和票房观众传唱的程度可以看出,不少的唱段甚至
有些全剧都有一定的社会认同度,应该视作在京剧凋零的十年有幸存留
的少量有价值的内容。其中担纲的这些中青年演员基本都是上乘之选,
在后来的京剧恢复期均起了承上启下的主导作用。当然,这比起京剧界
的整体损失是远不能相抵,但比起有些整体覆没的传统民间文化(如有

91

些地方戏)还算是有一定的侥幸。

文化事业的繁荣虽有一部分民间自发的功能,但更主要的是要靠政府部门的倡导和支持,京剧的历史充分说明了这一点。清朝的中后期,慈禧、同治、光绪等统治阶级对京剧的酷爱形成了京剧开创时期的大兴盛,确立了京剧的国剧地位。民国时期,达官显贵们皆以京剧为尊贵的娱乐形式,于是促成其舞台繁荣,人才辈出,流派纷呈;新中国成立后,领导人对京剧都情有独钟,出现了五六十年代京剧新繁荣的局面。六十年代中期开始,"文革"的浪潮也席卷京剧界。1975年,京剧史出现了一个小插曲。春节前夕,毛泽东忽然想听多时未闻的传统京剧。为此,于会泳、钱浩梁、刘庆棠等被急召,要求在短时期内集中当代最优秀的演员,突击拍摄原汁原味的传统京剧电影数十部,单独提供给主席欣赏(戴嘉枋的《走向毁灭》、齐英才的《文革中秘密拍摄传统戏始末》对这段历史均有描述)。这样的"颠覆性"举措在当时很难有自圆其说的解释,于是于会泳强行布置,迅速落实,剧目、演员、拍摄的所有人员设备马上到位,工程立即启动。短短的一年时间,拍成了四十部戏曲艺术片,其效率之高令人咋舌。具体列表如下:

《斩黄袍》李宗义、王泉奎

《辛安驿》赵燕侠、萧盛萱、宋丹菊

《三岔口》张云溪、张春华

《辕门斩子》李和曾、王晶华、刘元汉、吴钰璋、张春孝

《盗魂铃》李慧芳、李宗义

《红娘》赵燕侠、刘雪涛、宋丹菊、耿世华

《小放牛》刘秀荣、张春华

《空城计》李宗义、萧英翔

《游龙戏凤》张学津、刘长瑜(李世济配音)

《盗仙草》刘秀荣

《卖水》刘长瑜、柯茵婴、萧润德

《断桥》杜近芳、萧润德（叶盛兰配音）、单体明

《打孟良》齐淑芳、郭仲钦、孙花满

《打焦赞》齐淑芳、齐英奇

《打韩昌》齐淑芳、蓝煜民、筱高雪樵

《古城会》高盛麟、袁世海、李世章

《借东风》冯志孝

《连营寨》李和曾

《贺后骂殿》张曼玲、孙岳

《文昭关》马长礼

《独木关》高盛麟、高盛虹

《五台山》吴钰璋、李世章、张元智

《珠帘寨》马长礼、倪启勋、李玉芙、张学敏

《雅观楼》小王桂卿、蓝煜民、伊鸣铎、陆振声

《狮子楼》筱高雪樵、陆正红、贺梦梨、奚玉凤、伊鸣铎、陆振声

《四郎探母·巡营》陆柏平、李和曾

《白蟒台》张学津、王宝山、黄正勤

《卧龙吊孝》言少朋（李家载配音）、黄汝萍、陆振声

《罗城叫关》陆柏平

《罢宴》孙花满、周云敏

《挡马》张美娟、孙正阳

《火凤凰》张美娟、段秋霞、齐英奇

《十八扯》童芷苓、刘斌昆

《八仙过海》张美娟、陆道虹

《武松打店》李景德、郭锦华

《让徐州》言少朋（李家载配音）、薛永康、王宝山

《闹天宫》王鸣仲、娄振奎

《二堂舍子》关正明、李蔷华

《长坂坡》俞大陆、袁世海、刘秀荣、李世章、李嘉林

《汉津口》高盛麟、袁世海

这些影片确实称得上当时的精品之作，其水平之高今天看来仍令人惊讶不已。不管策划者当时动机如何，客观上为京剧艺术留下了一笔宝贵财富。那时接到任务的演员，从开始的惊讶、惶恐，到后来的兴奋、激动，体现了他们对自己从事的艺术事业真诚的热爱。他们以超高的热情和极度认真的状态投入演出拍摄，丝毫不计较角色大小和各种名利。一位参加过这项活动的老演员曾对笔者说起此事，颇为感慨："那时我们一个星期就拍完了一部片子，现在一个星期恐怕争排名次序还没争完。"孙正阳在《挡马》中出演焦光普，称得上当时的巅峰之作。该剧演得相当精彩，不但武打编排得精致绝伦，而且真正做到了武戏文唱，人物内心表现十分到位，是后学者难以企及的，还首次把焦光普改为俊扮，与张美娟一起为后人留下了楷模的版本。在谈起这段故事时，孙老师还是

孙正阳《挡马》剧照

感到不无遗憾，他对笔者说起，第二批剧目中有最能代表他艺术水平的《海周过关》，因此工程的中断，从此再也未能为此剧留下影像资料。岁月不饶人，等到有条件、有机会再做此事时，他已经力不从心，没有能力奉献给观众该剧精彩的演出了。灾难的十年，孙正阳不但没有虚度，反而有了新的长进，创造了栾平、"08"这样的反派艺术形象，还留下《挡马》不可多得的精品之作，为今后舞台光辉的再创造奠定了必要的基础。

第四章

艺术新境界

一、老兵新声

十年很难熬,"文化大革命"终于过去了。传统京剧陆续恢复,演员们又重新登上了久违的舞台,文化艺术新的春天总算盼到了。孙正阳那时还不到五十岁,艺术上正处在最成熟时期,更何况他比许多受难、改行、闲居的演员们幸运得多,始终没有离开舞台,现在正是他大展艺术才能的绝佳时机。美中不足的是上海京剧院的整体阵容已经和六十年代有了明显的差距:台柱子周信芳院长以及言慧珠、金素雯等名角已含恨离世;饱受摧残的李玉茹、李仲林、纪玉良、赵晓岚等已显得有些力不从心,遂以教戏作为主业,不大在台上展示风采了;当年的青年新秀已逐渐步入中年,更年轻的一代有明显的断层现象,后继乏力。当时,在舞台上最活跃的就数曾经历样板团生涯诸角了,童祥苓、张学津、李炳淑、李长春、齐淑芳、孙正阳等成为了上海京剧院的主力军。从年龄上看,孙正阳便是其中的老大哥了。虽然十年时间不算长,但舞台的更迭就可看作整整的一代,搭档们已经有了部分替换,孙正阳在其中的位置

孙正阳便装照

也由新秀变更成老将了。但他在舞台上的活跃程度丝毫不减,演出的积极性似乎更胜于前,什么戏都想演。不但自己编演了《猪八戒背媳妇》这类从不见于京剧舞台的戏,连《黑水英魂》中一个洋角色别科夫都愿意担当。原来的最佳合作者李玉茹已上台不多了,偶尔有演出,多数为《贵妃醉酒》一类的戏,花旦戏则很少,连《拾玉镯》也不大适合再演,《小放牛》等戏则更不用说了。在八十年代,与孙正阳合作最显相得益彰的就是童芷苓

孙正阳排演《猪八戒背媳妇》　　　　孙正阳饰演《黑水英魂》之别科夫

和齐淑芳。

　　童芷苓是京剧界不可多得的奇才，俞振飞先生赞其"绝顶聪明"，她成名很早，新中国成立前就以《大劈棺》《纺棉花》两剧创造京剧卖座纪录。后加盟上海京剧院，与周信芳院长、李玉茹并列为上京的台柱，她兼有梅程尚荀四大名旦之长，创造了许多栩栩如生的舞台形象，并有艺术电影《尤三姐》流传于世。"文革"期间，被江青点名，饱受折磨，可谓苦头吃足，在逆境之下，她极其能忍，被称为"打不死的童芷苓"。正是凭着这样的顽强的精神和毅力，在劫难之后，年近六旬的童芷苓居然奇迹般地再次出现了新的艺术升华，嗓子亮丽程度完全不亚当年，台上风采依旧，丝毫看不出扮演者竟是个老妪。《金玉奴》《红娘》《铁弓缘》《游龙戏凤》《樊江关》等骨子老戏再度红遍了京、津、沪、港，还复排了《武则天》，新创演了《王熙凤大闹宁国府》《谢瑶环》等大戏，演来令许多当代名角真心佩服，称得上名副其实的"老来红"。在五六十年代，孙正阳与她也有过同台合作，在影片《尤三姐》中饰演贾蓉。最轰动的就是

孙正阳（左四）与童芷苓（左三）合演电影《尤三姐》

孙正阳（左）饰演
《尤三姐》之贾蓉

1961年京剧会演时合演《十八扯》，珠联璧合，成为一时的艺坛佳话。因为不在同一个团的缘故，孙正阳更多的还是傍李玉茹，为童芷苓配丑角的主要是刘斌昆。当时，刘先生已是八旬高龄，偶尔配演《金玉奴》中的金松，当然也颇为出彩，但

孙正阳（右）与童芷苓（左）合演《铁弓缘》

要他长傍童芷苓登台演出已是不可能了。于是，孙正阳理所当然地成了童芷苓的左膀右臂，在《宁国府》《铁弓缘》等剧中为其增色不少。

童芷苓自八十年代初恢复演出《金玉奴》之后，三五年中，马不停蹄，辗转演出于上海、北京、天津、武汉等地。1982年与梅葆玖联合组团首演于香港，半月有余，极为轰动。1984年再度赴港，创造连演连满的佳绩。其中作为主要配角的孙正阳是功不可没的，不论是《金玉奴》中的金松、《红娘》中的琴童，还是《大登殿》中马达这样的小配角，只要孙正阳上台，就不同凡响，有舞台效果。最值得一提的就是《铁弓缘》中陈母和《王熙凤大闹宁国府》中来旺这两个角色了。《铁弓缘》一剧，孙正阳打小就演，驾轻就熟，已积累了三十几年舞台经验了。以前，此剧的主要搭档是李玉茹，她的花旦风格淡雅清新，十分耐看，有丰富的内涵。在醇美的舞台表演中，孙正阳偶尔起些火星般的"爆头"恰到好处，堪称当年的绝配。童芷苓的陈秀英风格则不同，她演得既泼辣又大方，有极强的生活气息，人物情感显露在外，非常能打动观众。孙正阳面对这样的同台角儿，丝毫不能懈怠，全场铆上劲，把戏做足，与童势均力敌，舞台双星熠熠生辉。每演此剧，台下反响十分强烈，喝彩声贯穿始终。《王熙凤大闹宁国府》是童芷苓晚年独创的精品之作，表演炉火纯青，是京剧界第一个把王熙凤演活的人。编剧是上海著名剧作家陈西汀，他在六十

年代就为童芷苓创作了此京剧剧本，未及排演，便搁浅了。八十年代童芷苓复出，抢排了此剧，演出效果极佳。来旺是剧中一个小人物，戏份并不多，但童老师很重视这一角色，开始曾邀请艾世菊老先生担任此角，也出演过一两次。因艾老年事已高，便改由孙正阳担纲。孙正阳对这一小角色做足了功夫，增加了戏份。来旺共有三个吊场，每场都有大段数板和念白，许多台词原剧本都没有，孙正阳自编自演，场场获得满堂彩。在王熙凤逼问来旺说出真相的那场戏中，童芷苓气势逼人，目似利剑，孙正阳在胆战心惊之余，仍使出企图两不得罪的"捣糨糊"功夫，表演得十分到位，很好地衬托了童芷苓的发挥。凡是看过此剧的观众，无不对孙正阳的来旺留下深刻印象。京剧不同于越剧，"红楼戏"成为经典的并不多，而童芷苓却留下了《尤三姐》《王熙凤大闹宁国府》两出精品。前者有戏曲艺术片得以长期留存，后者就很可惜，这样的好戏在舞台上很难见到了。童小苓在纪念她母亲九十周年诞辰时复排公演了此剧，记得还有天津的李静、江苏的赵道英、广西的何金霞和台湾的魏海敏都在不同场合演过，但影响面很小，继续流传成了小概率事件。更遗憾的是孙正阳对小角色的艺术创作，再不复见到了（童小苓复排时，严庆谷的来旺就没有那些内容了）。

孙正阳的艺术晚期另一个重要的合作者就是齐淑芳，论资历，他应是齐淑芳的老师辈，但因其是张美娟的小姑子，孙正阳一直把他当作小妹妹看待。齐淑芳是上海戏校首届毕业生，专攻武旦、刀马旦，在校时就非常优秀，被公认为是能挑大梁的尖子人才。毕业后任上海青年京昆剧团主演，一出《三战张月娥》艺惊业界。后入样板团，在《智取威虎山》中成功塑造了小常宝一角，遂成为国人皆知的旦角新星。在剧组滞留北京拍电影期间，她利用空闲，向当时"靠边"闲居的张君秋、赵燕侠等名家偷偷学习了青衣、花旦的唱念表演，文戏方面有了本质的进步。更兼她刻苦用功，又有带有金属感的天赋佳嗓，在八十年代初，成了武旦、刀马、花旦、青衣、小生皆能的全才旦角。常演剧目有一人到底的《白蛇传》《（全部）穆桂英》《杨排风》《大英节烈》《青石山》《挡马》《火凤凰》《柜中缘》《拾玉镯》《玉堂春》，《四郎探母》中能演前后铁镜公主，中赶杨宗保。孙正阳与她的合作和与李玉茹、童芷苓则不同，对后者，他是全力地傍、衬，对齐淑芳，他在傍角的同时，还有扶托的成分。齐淑芳明显地觉得，只要有孙老师在台上，她就能发挥自如，非常放心。他配合齐淑芳，除了常规的《柜中缘》淘气、《拾玉镯》刘媒婆、《女起解》崇公道外，特别值得一提的是《大英节烈》陈母、《青石山》王半仙和《挡马》的焦光普。《大英节烈》又名《全本铁弓缘》，前面茶馆一折，孙正阳早就烂熟于胸，为许多大名家配演过，堪称第一陈母也不为过。后半部的陈母其实也很有戏，诱杀石公子那场的老辣，冒充王富刚母女的假戏真做，最后阵前认婿的情感流露，都十分细腻动人。与齐淑芳文武俱精的出色表演可谓是珠联璧合，满台生辉。《青石山》原是一出传统老戏，剧情描写狐狸精作祟，被吕洞宾、关圣父子联合降伏的传奇故事。老本强调武打的热闹火爆，对文场子的表演大体一带而过。齐淑芳的演出本经过了较大幅度的

孙正阳饰演《拾玉镯》之刘妈妈

孙正阳饰演《柜中缘》之淘气

修改，前面增加了一场狐狸精勾引书生周从伦的戏，齐淑芳有很多花旦表演的发挥。另外还加重了耍弄王半仙那场的戏份，这是她与孙正阳比拼演技的对手戏，两人演得相当精彩。孙正阳浑身是戏，把一个不成熟的半仙色厉内荏、虚张声势的内心刻画得淋漓尽致，与齐淑芳阴狠的狐狸精作了绝好的反衬，形成了这出戏演艺上的另一高潮。当今的京剧舞台复旧倾向有点偏重，《青石山》的演出基本都是遵照老本，还算值得欣慰的是，继齐淑芳之后上海京剧院另一名武旦方小亚以此剧的新本参加了1992年梅兰芳金奖大赛，成功获得了金奖。后来，齐淑芳、孙正阳的演出本已不流传了。孙正阳老师对此明确表示了遗憾，他坚持认为该剧的改版新本比老版本强，他对王半仙这一角色的部分新创造在舞台上再也见不到了。《挡马》是一出孙正阳情有独钟的戏，虽然他与张美娟联合创作了完美的演出版本，但他仍觉得齐淑芳按这版本照搬显得不过瘾。那时齐淑芳正值盛年，武功卓绝，而张美娟毕竟年过半百，精力、体力均不比当年。另外齐淑芳嗓子很冲，又相当善唱，特别是小生娃娃调，堪称一绝，所以她演《挡马》，应当在文场和武场有进一步的充分发挥。在他的建议下，齐版的《挡马》做了大幅度的修改，其分量之重，可以说是为齐淑芳量身定做的。而且，从头至尾用的都是京剧板式，不再是原先的昆曲唱法。杨八姐的出场唱的是类似《罗城叫关》的唢呐二簧导板，接下来转回龙，再接唱大段二簧原板，完全是地道的小生唱法。焦光普上场也不同于原本，而是唱了一段少见的四平调，为丑角唱功的发挥留出了足够的平台。杨八姐在被拦马进店后，看到了店内的南国画作，边舞边唱了一段西皮二六，很是耐看、动听。这些唱段都是新编新创，且有很重的老京戏韵味。武技表演上，首创了杨八姐穿厚底靴的扮相，很大程度上加大了武打和椅子功的难度。这一版本，孙正阳因年龄原因，并没有亲自实践，而是教了自己的学生韩奎喜。笔者于1980年看过齐淑芳这一新版本在共舞台公演，非常精彩，留下了深刻的印象。令人惋惜的是，这一版本以后不再见有人演过，除了穿厚底传流了下来，文场子部分的唱段都已失传了。也许是这样文武俱佳的要求，除齐淑芳外再无人胜任？笔者曾对史依弘提过此话题，未得到期望的反应，孙老师对此版本的失传表示了深深的遗憾。

孙正阳与齐淑芳的合作处于京剧史上一个特别的时期，大家俗称它为"承包期"，这段"插曲"应该值得京剧界研究关注的。"承包"这一提法原始于农村土地承包，当时改革开放初期，为了提高劳动生产率，允许将国有资源交给某个集体或个人承包经营，这一模式打破了原来僵化的教条和思维，促进了我国工农业生产的高速发展。这是市场经济萌芽时期的新生事物，其作用已经过实践的历史检验，获得了社会的普遍认同。既然土地承包、工厂承包都有良好的效果，就必然会有人想到：京剧的演出可以承包吗？可以走进市场经济吗？自恢复传统戏演出以来，开始一两年，演出票房极好，只要演老戏基本都客满。戏迷们忍耐了十余年，完全处于一种"饥饿"状态，只要看到京剧的装扮，听到京剧的锣鼓，就要掏钱买票看，原来不看京剧的人也怀着很大的好奇心走进剧场。好景不长，三五年之后，京剧的萧条就开始了。原因是多方面的，至今也没有见到大多数人认同的定型说法。首先，更贴近时代的娱乐形式快速兴起，影视剧、流行歌曲、音乐已获得了以年轻人为主的群体的广泛喜好，其发展态势是京剧远不能及的。戏迷不满意京剧演出的质量，大家津津乐道谈论的还是马谭张裘、李袁叶杜，看不上现在在台上演出的角儿。另外，剧目也相当单调，老戏翻来复去这么几十出，新编戏粗制滥造，更不堪入目。客观地说，这是事实，而且看不到有好转的势头，难怪大多数观众从开始的谅解变成挑剔了。另一方面，京剧演员们也是满腹牢骚，眼看着影视演员、歌星们的经济收入大幅度增加，对比之下，他们对自己在台上辛勤的付出感到不平。京剧演员大都要经过科班的"七年大狱"，相比而言，歌星们似乎太容易了。大家普遍不服，《海港》中饰马洪亮的朱文虎就曾表示："我要去唱歌，绝不会比他们差。"（事实可能就是如此，早期改行从事影视或唱歌的京剧演员，如于荣光、屠洪刚、王馥荔等都很成功，至少经济收入比唱京剧强数十倍。）问题在哪里？有人找症结似乎没有看准方向：歌星们都是个人演出，个人收益，我们的演出票款则归团里收入，这是不是吃亏了？现在工厂都能承包，剧团就不能承包吗？1982年，京剧名家赵燕侠以承包形式组成的北京京剧团来沪公演，连续爆满，引起轰动。上海京剧院的实力派演员们坐不住了，纷纷向院里提出要求承包演出团。风头最劲的童祥苓首先要求组团承包，接着李炳淑、李长春也组成了承包团。客观地说，承包初期情况还是不错的，戏码硬了，演员台上很铆上，卖座也相对好很多。笔者当年亲眼看过刚承包的两个团的演出，舞台气氛确实有了较大的改变，演员们面貌一新，观众也报以热情的回应。然后，齐淑芳、夏慧华等一些上京的主力演员纷纷效仿，各自组成了规模不同的承包小组独立演出，孙正阳就曾在齐淑芳小组效力过。京剧演出搞承包确实热闹过一阵，但实践证明这种形式用于戏曲舞台是不合适的，要求京剧这类传统文化艺术走向市场是肯定行不通的。不久，各个疲惫不堪的承包团先后打了退堂鼓，重新捧起了铁饭碗。上海京剧界还流传过这样的对联："童李齐下（夏）马，上海京剧完（院）。"意思为童祥苓、李炳淑、齐淑芳、夏慧华、马博敏这些承包团都纷纷下马，上海京剧院连耳朵都赔掉了，以此来嘲弄京剧承包的失败。对于京剧界这样一段历史，似乎没有人认真总结过，更懒得探索其中的原因。像戏曲演出这类"精神"产品完全不同于"物质"产品，它是不能完全靠市场竞争来激励发展的。物质商品没有政治属性，消费者的满意度便是评判标准。作为剧场演出这类精神商品，观众不是裁判，它还必须服从遵循文化宣传部门的政策约束，不是观众喜欢看什么就演什么地放任市场竞争。我国政府对影视、书刊这类精神商品历来有严格的控制和监管，文艺演出也属此例。从京剧发展史来看，京剧的兴起很大程度上就是靠当时清政府的鼎力支撑，遂确立为国剧地位。到民国时期，达官显贵们无不以善赏玩京剧作为高级社交和附庸风雅的尺标，才使京剧艺术有了进一步的兴盛。虽然当时京剧班社尚处于自由发展状态，但官僚贵族们不同形式干预的作用也不容低估。新中国成立后，第一代最高领导大都是酷爱京剧者，国家大力扶持，就有了五六十年代京剧新格局的发展。当然，这绝不是否认京剧本身艺术生命力的强大,只是说明它的兴衰始终受到各种社会因素的制约,而政府的功能是尽可能减少负面因素而扩大正面因素。京剧演出的承包一定程度上减弱了政府的正面调节功能,事实上没有起到促使京剧繁荣的效果。孙正阳老师对京剧承包一直不持肯定态度,他虽然在其间傍过齐淑芳,但始终也没有正式参加承包团。就在那时期,他当上了京剧一团团长。当笔者希望他谈谈当领导后的感受时,他不无感慨,说那时各种麻烦事特别多,团长很难当,也没什么好处。因为他人缘好,大家都还算给他面子,诸事还能摆得平。从内心看得出来,他还是喜欢上台演戏,当领导真是勉为其难了。

进入了一个新时期,孙正阳艺术道路的进展丝毫没有止步,而是达到了一个日趋完善的境界。首先,演出的剧目更加丰富了,以前不大演的《奇冤报》中的张别古、《锁麟囊》中的梅香、《凤还巢》中的程雪雁等角色均有令人刮目的艺术创造。与李玉茹的合作虽已不太经常,但还在继续。除了《梅妃》《贵妃醉酒》等脍炙人口的享誉老剧目还常见外,新排演的《日月雌雄镖》中的狄母、《青丝恨》中的海神爷都获得了业内外的交口称赞。《日月雌雄镖》是根据传统花旦戏《得意缘》改编,这出戏在新中国成立前是李玉茹常演剧目,后因故事内容问题被列为"不健康剧目"。但这出戏在艺术表演

孙正阳饰演《乌盆记》之张别古

孙正阳饰演《锁麟囊》之梅香

孙正阳饰演《凤还巢》之程雪雁

孙正阳饰演《日月雌雄镖》之狄母

上，有独特的价值，凝聚了筱翠花、荀慧生、尚小云等大师们艺术创造。为了挖掘传统，李玉茹、李仲林、孙正阳等于1980年改编复排了此剧，更名为《日月雌雄镖》，由刘梦德编剧，孔小石导演。该剧经过较大幅度的改动，保留了"教镖""下山"重点场次艺术精华部分，小生卢昆杰改用武生行当，由名武生李仲林扮演。孙正阳扮演的狄母是他以前从未饰演过的一类人物，她是山大王狄飞龙的母亲，武艺高强，性格刚烈。她虽是归彩婆子行当，但又要有武生的英气和威严、老旦的正气和善良，分寸颇难掌握。当年北京名丑马富禄曾陪荀慧生等大师演过，老旦耿世华也饰过此角。孙正阳凭着多年的舞台经验和对人物的成熟把握，成功地演活了狄母这个难演的角色，与李玉茹、李仲林的出色表演相映成辉，给观众们留下了深刻的印象。《青丝恨》是李玉茹晚年精心创作兼主演的重点剧目，取材于民间广泛流传的王魁负敫桂英的故事。该剧根据陈翰著的《异闻集·王魁传》及王玉峰剧本《焚香记》改编，孙正阳参加了剧本创作并演出。改编本立意独特，寓意很深，它摒弃了旧剧本"大团圆"和"善恶有报"的两种传统模式，留下了善良投诉无门、恶人登堂入室的悲剧结果，引起了剧界刮目相看的效应。本子好固然重要，演员的表演更能直接打动观众，该剧的演员阵容十分强大。李玉茹原本应是一号主角敫桂英扮演者，但她将多数场次的主角让给了学生青年旦角李占华，自己反串小生，与名小生黄正勤轮换扮演王魁。著名麒派老生孙鹏志饰老家人王福，插入了周信芳先生《义责王魁》一剧中相当部分的内容。孙正阳在剧中赶演两角，前饰帮闲柴品三，后在"告庙"一场中饰海神爷，全台戏群英汇集，演得相当精彩饱满。孙正阳虽然在剧中演的是小角色，但他仍十分认真，演得非常生动传神。特别是表现海神爷的冷漠、势利，十分到位，与敫桂英真诚、善良做了一个绝好的反衬。当敫桂英希望海神爷为她作主伸张正义时，这个泥塑木雕一张口便是："可有金来可有银。"当他一看对方一无所有，则一口回绝："你穷得这样，还想把冤伸？"当听说告的是王魁，他连念带唱："提起王魁，吓得我失了魂，他官运亨通，官星照命，又有靠山，又有丈人，怎理睬我小

孙正阳饰演《青丝恨》之海神

孙正阳与李占华合演《青丝恨》

《乌盆记》中孙正阳饰演的张别古（左）与赵大

小海神，我是一个小小海神。"一副圆滑势利相，完全是个阴间的帮闲。

新角色的创造是孙正阳的特长，但他基础扎实演经典传统戏也毫不逊色，且有自己独到之处。八十年代后，传统戏开放的力度比以前更大了，孙正阳又演了许多"文革"前没怎么演过的老戏，《乌盆记》中的张别古就是其中一例。该剧是老生戏中的精品，余、杨、谭诸派都擅演，丑角张别古是主要配角。以前，因有鬼魂上场，被批评为宣扬迷信，列为被禁演的"鬼戏"。改革开放后，张文涓、迟世恭等都恢复演出了此剧，张别古一角都是由艾世菊扮演。1986年初，为纪念上海戏剧学校正字辈同学舞台生活45周年，关正明、张正芳、王正堃等老艺术家齐聚沪上，此场演出大轴是关正明的《乌盆记》。作为师弟的孙正阳为师兄配演张别古，笔者的记忆中，这是孙正阳在新中国成立后首次公演这一角色。演出实况十分轰动，大众剧场场场爆满，一票难求。那天关正明发挥上佳，演唱兼收余、杨、言各派所长，且有自己独特的韵味，频频得彩。孙正阳则默契配合，自然流畅，衬托得恰到好处，最后结束时，还抓了一个哏："随你师弟到后台。"全场报以热烈掌声。

孙正阳的婆子戏演得好,这早已是有口皆碑,《拾玉镯》的刘妈妈、《铁弓缘》的陈母等这些角色已和他的名声紧紧相连了。但彩旦这一行当扮的并非都是中老年妇女,如《锁麟囊》的梅香、《凤还巢》的程雪雁皆是年轻姑娘,也归彩旦行饰演。这些角色孙正阳以前比较少演,而八十年代后则频频出演,特别是程雪雁一角演得最多,一直演到近期,这也是他最有心得、最有特色的重要艺术创造之一。这出戏,孙正阳在校时就学过,早年演得并不多。加入上海京剧院后,在1958年陪言慧珠、俞振飞演过一次,似乎是扮演朱千岁。日常的演出,这一角色多数由梅贻婵或陆玉兰扮演。1982年,他随童芷苓、梅葆玖赴港演出,在梅葆玖主演的《凤还巢》中担纲此角,开始了他独有的人物塑造,给舞

孙正阳饰演《锁麟囊》之梅香

孙正阳(右)与梅葆玖(左)合演《凤还巢》

台上的程雪雁一个崭新不落俗套的形象。在香港演出时,他和名丑李庆春(饰朱千岁)有一场对手戏,丑洞房结亲,非常精彩。两位名家功力相当,"爆头"迭出,每演到这场,不但台下彩声如潮,台上两帘旁都挤满了争相观看的同行们,足见其艺术魅力之强。笔者首次观看孙老师扮演此角是在1988年5月,一台阵容超强的《凤还巢》在上海人民大舞台公演。由梅葆玖、杜近芳、李维康、马小曼四演程雪娥,于万增、姚玉成双

演穆居易,艾世菊饰朱焕然,王树芳饰程母。萧英翔饰周公公,黄世骧饰洪功,宋元斌饰程浦。孙正阳饰程雪雁,在这群贤集至的大汇演中作了令人刮目的发挥。雪雁一出场就与众不同,以前的扮演者,基本都是按丑角的路数喊一声"啊哈",孙正阳则是用小嗓按旦角的出场叫头:"来了!"出场一亮相,我眼睛一亮,眼前的丑小姐完全不是以前丑陋不堪的疤癞眼、肮脏脸,而是柳叶眉,两腮稍涂点红,一副滑稽相。然后,竖起食指仿照旦角动作,抖袖,走小碎步到台中,而不是以往那样粗俗、男性化。大小姐到了堂前,被父母一阵数落,甚为不爽,甩手出去打秋千啰,他也不同于别的演员旁若无人地迈着大步下场,而是耍着荀派的水袖跑圆场下,顿时彩声一片,孙正阳一出场就有了强烈的舞台效果。接着姐妹会一场,上场四句:"人说妹妹长得好,我说奴家长得俏,人人全都喜欢我,见奴美貌哈哈笑。"果然台下一阵哄堂大笑。业内外都公认,只要孙正阳在台上,台下一定很热闹。程雪雁的重点场次是"见穆居易"和"丑洞房"两场,也集中了孙正阳在该剧中独特的艺术创造。"见穆"一场,他用程派旦角的念白,冒充妹妹,尽量强装淑女相;"丑洞房"一场则是放开的夸张表演,对朱焕然撒泼耍赖,逼其就范。除了其中表演精彩入神外,更有特色的是他的唱。程雪雁全剧一共四句摇板,到书房前唱两句:"对菱花打扮得花枝模样,今夜里到书房我会会穆郎。"孙正阳第一句用梅派唱法,假作端庄,第二句唱尚派,相当夸张,显示大小姐的欢悦。"丑洞房"一场最后还有两句:"来来来你与我同入罗帐,从今后与老娘叠被铺床。"孙正阳这时小嗓起了个叫头:"郎君,随我来呀!"前一句用荀派边舞边唱,后一句唱程派,达到了豹尾击石的效果。常人很难想象,这样一个并不起眼的角色,可以演得这样火爆,竟然把《十八扯》中的演唱功夫都用上了。孙正阳善抓哏也早为观众们熟知,在这出戏上有了充分的发挥,而且都是相当贴近时代的包袱。雪雁出场见父母后,父亲批评她贪玩,她顶嘴说其父:"既不讲文明,又不懂礼貌。"母亲责怪她没女孩样,她反诘说其母资质不好才出了"这样的伪劣产品"。见穆居易一场,她独白说要向穆郎诉说"内心的痛苦"。当穆居易骗他出外"拜天地"时,她反怪穆怎么这样封建:"现在不是都流行先同居后结婚吗？"最后被她父亲撞见,她嘀咕"干涉我们自由恋爱"。丑洞房一场,更是噱头迭出,朱焕然惊其丑陋,她坦言:"奴家天生花容月貌,早就誉满全球了。"朱要求和她商量,她回说:"我从不和男生单独谈话。"朱想把她原封不动退回程府,她断然拒绝:"货色出门,概不退换！"生米做成了熟饭,朱焕然表示这饭没法吃,她自嘲:"比外面的盒饭强多了。"最后,为逼朱就范,她一把抓住其前胸,威胁:"现在外面都在打假,抓你们这些冒牌货,你不答应,我们法律解决。"我相信,这些哏肯定不是剧本原有的,而是孙正阳临场发挥,逐步积累,并根据时代流行语再加以变化,这样放松随心所欲的表演,绝不是一般的演员能做到的。程雪雁这一角色塑造成功,是鉴于孙正阳对这人物不同寻常的理解。通常的表演,都强调程雪雁的丑陋、愚蠢,没有教养,喜欢惹祸。而孙正阳认为大小姐本质还是善良的,没有坏心,因为长得难看,更希望自己能尽量美一点。他觉得这人物不应让人感到厌恶,而应感觉可笑中还略带点可爱,他特别反对自我丑化,所以,他尽可能多地显示雪雁的女性化,摒弃以往那种令人生厌的形象。艺术创造来自艺术思想,孙正阳坚定地认为,丑行在舞台上是美的。这样,他塑造的人物有与众不同的感觉,《凤还巢》这出戏是个突出的典型。当然,艺术见解各有不同是正常现象,多数的演员和广大的观众对孙正阳这出戏的创新基本认同。但也有些名家对此表示异议,有的甚至当场摇头责之:"抢戏过甚。"这些就留于后人作相对公正的评说了。应当说,孙正阳对这出戏也是情有独钟,其后演出场次最多,合作的名家一代又一代,遍于全国各地。老一代的有梅葆玖、杜近芳,中年一代有李炳淑、杨春霞、李维康,年轻一代有董圆圆、李胜素、史依弘、李国静和台湾的黄宇琳等。最有彩头的是两次陪香港的李尤婉云演出,阵容空前。第一次是2004年6月10日在上海庆祝逸夫舞台开台十周年,李尤婉云与梅葆玖双演程雪娥,孙正阳饰程雪雁,叶少兰饰穆居易,马长礼饰程浦,谭元寿饰洪功,李长春饰周公公,蓝文云饰程夫人,萧润年饰朱千岁,据说演出极为轰动,并非是这位香港票友唱得出色,而是配

孙正阳与叶少兰合演《凤还巢》

孙正阳与马长礼合演《凤还巢》

孙正阳饰演《刘姥姥与王熙凤》之刘姥姥

角太强大了，有点像张伯驹四十寿辰演《失空斩》，余叔岩、杨小楼等皆为其配戏。其后还有一次在北京梅兰芳大剧院，也是李尤婉云，演员换了李胜素饰后程雪娥，朱强饰程浦，于魁智饰洪功，尚长荣饰周公公，寇春华饰朱焕然，其余演员（孙正阳、叶少兰、蓝文云）不变，演出也是极其精彩。

京剧有史以来，以丑角挑班主演的大概只有叶盛章一人，《酒丐》《徐良出世》《五人义》等俱是以武丑为主的大戏，以文丑独立为主角的整台大戏基本没有。孙正阳的舞台生涯基本上也是演配角的一生，虽然他有过《海周过关》主角戏，也有过《七侠五义》中饰蒋平那样的担纲戏，但确实还没有自己承担主演的大戏。在八十年代后期，终于有了机会，上海京剧院著名剧作家陈西汀愿意为孙正阳编写一出大戏《刘姥姥与王熙凤》。陈西汀是一位盛名久享的剧作家，1920年生于江苏滨海，新中国成立后一直从事剧本创作，作品计有近五十部。其中影响颇大的有《七雄聚义》（盖叫天演），《澶渊之盟》（周信芳演），

江南美丑——孙正阳传

112

《尤三姐》《王熙凤大闹宁国府》(童芷苓演),《红色风暴》(霍鑫涛、童祥苓演)。他文学功底深厚,对京剧亦是六场通透,创作成功率很高,特别喜欢写"红楼戏"。一般来说,越剧适合演"红楼戏",京剧在这方面成功的剧本甚少。陈先生与童芷苓合作的《王熙凤大闹宁国府》大获成功后,已近古稀之年的陈西汀老骥伏枥,继续为孙正阳、张南云编写了一出特殊题材的"红楼戏"《刘姥姥与王熙凤》。让一个乡村老妇刘姥姥当舞台主角,这似乎在戏曲界从未有过,也许陈先生觉得孙正阳彩旦戏出色,有意为孙写一出大戏,让其艺术表演有充分的发挥。剧本创作顺利成功,经谱曲和多次响排后,于1987年12月21日在共舞台(当时称为延安剧场)首演。演员阵容也颇为齐整,孙正阳饰刘姥姥,张南云饰王熙凤,王梦云饰贾母,王凤莲饰鸳鸯。比较遗憾,演出的反响不如预期的热烈,比《王熙凤大闹宁国府》差了不少,原因当然是多方面的,也许

孙正阳与王梦云、张南云等合演《刘姥姥与王熙凤》

是少了童芷苓，也许是故事内容吸引力不强。平心而论，无论是剧本结构，场次安排，亮点显现，演员表演都是相当不错的。剧情围绕着刘姥姥三次进荣国府，编排精炼，重点场次突出，很有层次起伏。主要演员们的发挥也相当出色，王梦云扮演贾母，几段西皮唱腔设计得非常好听，而且她正处艺术成熟阶段，唱得不温不火，恰到好处。张南云扮演王熙凤，人物刻画细致精到，在贾母设宴一场，风姿卓然，指挥若定，完全一副荣国府内当家的派头，最后刘姥姥救巧姐一场，大段荀派反二簧唱腔，唱得哀怨动情。吴江燕、陆义萍、孙爱珍等几个当时的青年旦角，分别扮演贾府中几位小姐，在给刘姥姥敬酒时，各唱了一段西皮唱腔，很是讨巧动听，感觉像小型的旦角流派演唱会。当然，最出色的还是主角孙正阳，他彩旦演技高超，把一个古代农村老妇刻画得入木三分。在一进荣府时，非常拘谨忐忑，战战兢兢，听见挂钟响都要吓一跳。二进荣府是全剧的高潮，那时刘姥姥已不像初次那样胆怯了，酒席宴间，与众小姐、丫鬟们周旋，行酒令时脱口而出"大火烧了毛毛虫"这样的"佳句"。最精彩的要算刘姥姥喝醉后的那场独角戏，孙正阳使出了演彩旦的浑身解数，唱念做舞，无不传神，而且始终突出了刘姥姥诙谐、善良且能自重的性格，为京剧彩旦艺术表演留下了灿烂的一页。这一段戏，后来孙正阳经常用作单场演出，不但在全国各地，还在美国演过不少场次。最后救巧姐一场，他又突出了刘姥姥仗义、憎恶扬善，遇到恶奴盘问时，一句"孩子被恶狗咬了"从齿缝中迸出，语义双关，很是解气。戏确实是好戏，角儿也是好角，但不叫座也是事实。也许京剧观众看惯了政治、军事题材的内容，对婆婆妈妈的戏兴趣有点淡然。总之，这出戏始终未能流传，可惜，孙正阳对彩旦艺术这样全方位的展示，至今也找不出第二人了。

刘姥姥二进大观园

二、江南美丑

如果说，五六十年代是孙正阳从"一代新星"到成名艺术家过渡期，那么，到了八十年代，他已是众望所归、完全成熟的丑行大艺术家了。也就是说，他的艺术境界有了质的飞跃，主要体现在如下的几个方面。

首先，孙正阳全方位地展现了独具个性一代美丑的艺术特色，他的戏路之宽几乎涵盖了丑行的所有角色，而且个个出彩，都带着"孙派美丑"的明显特征。"文革"前，孙正阳在上海京剧院主要担任李玉茹的傍角，所以，所演的角色基本上都是旦角的配演，如《小放牛》的牧童、《拾玉镯》的刘妈妈、《柜中缘》的淘气、《贵妃醉酒》的高力士等角。为老生配演的戏，如《群英会》的蒋干、《审头刺汤》的汤勤、《打渔杀家》的大教师、《打侄上坟》的张公道等角色，孙正阳以前很少演。其实，这些他当年在校和搭班期间都学过，演过，并不是他不会或是不能演这类角色，因为这类都是刘斌昆或是艾世菊的看家戏。刘先生长期傍着周信芳院长，他最擅长的有这几类戏：一是方巾丑，像蒋干、汤勤这类角色演得极为精到。二是一些昆丑剧目，如《活捉三郎》《双下山》等，当年曾教过叶盛章，有半师之份。三是类似地痞流氓的角色，如《打渔杀家》的大教师，《四进士》的刘二混等，演来出神入化，入木三分。还有就是类如《大劈棺》《纺棉花》等特质戏。艾先生是标准的京派大丑，如《法门寺》《奇冤报》《打侄上坟》《卖马》这些大丑应功的活，无不纯熟，也是

孙正阳饰演《审头刺汤》之汤勤（一）

115

孙正阳饰演《审头刺汤》之汤勤（二）

一位全才的丑角名家，配老生的戏更为上乘、出色，与其师兄迟世恭长期合作，堪称绝配。论在剧界的位分，这二位大家均是孙正阳的半师半友，当年三人同在上海京剧院就职，所以，他们的拿手戏孙正阳一般都不演。八十年代后，刘老已是耄耋之年，偶尔陪俞老和童芷苓演一次《金玉奴》，基本上不登台了。艾老也年值古稀，虽仍康健，但也不能坚持日常演出了。况且，上京的中青年丑角缺档，这样，孙正阳在此期间，几乎演遍了各类丑角戏，实至名归地成为全才大丑。在此期间，上海京剧院挖掘整理传统剧目，复排《一捧雪》，孙正阳出演汤勤，与夏慧华、施雪怀合作了经典名剧《审头刺汤》。1985年，南北名家在人民大舞台合作演出，他又为童芷苓、李鸣盛配演《打渔杀家》中的大教师。童芷苓复出，在香港孙正阳与她重新编排，合演了《活捉三郎》。在贵州，内部演出了一场经改变过的《蝴蝶梦·大劈棺》，孙正阳出演二百五（这都是当年刘斌昆先生的绝作）。童芷苓重排《武则天》，孙正阳饰骆宾王，这也是刘斌昆一个新创角色。其后，他还陪其师兄关正明演出了《乌盆记》中张别古，《打侄上坟》的张公道和朱灿。这些角色，孙正阳在加入上海京剧院后，基本都未曾在台上亮过相。他曾有自谦之词，觉得这方面与刘先生还有不少差距。但观众们看来，孙正阳演得依然很有特色，表演自然，功夫了得，同样出彩，显示了他扎实的传统功底和与生而来的海派风格。

彩旦是丑行中独特的一个门类，扮演的剧中人都是女性，严格来说，这应该是丑和旦之间的一个特殊行当。它饰演的多为性格、行为有些特异中老年妇女，例如《拾玉镯》刘媒婆、《铁弓缘》陈母等角就是典型的彩旦。但也有些特例，如《清风亭》的贺氏是个善良、贫穷的正派老妇，本应由老旦扮演。后因"伶界大王"谭鑫培在宫中演出，老旦熊连喜因故未到，临时由丑角罗寿山顶替，结果效果奇佳，于是此角就习惯应了丑行。马连良和马富禄，周信芳与刘斌昆都是该剧的绝配。另外，《得意缘》的狄母也是丑和老旦皆可演的角色。彩旦也有扮演年轻女子，例如《凤还巢》的程雪雁，《锁麟囊》的梅香和碧玉多归丑行饰演（也有用花旦扮演的）。以前的丑行，基本都兼演彩旦，绝大多数京派丑行名家，均不以此为主攻方向。孙正阳则有自己独特的艺术理念，彩旦是他最出彩的强项。如《拾玉镯》《铁弓缘》等戏，早已载誉业内外，自不必赘说。自八十年代后，他几乎演遍了在舞台上流传的各类彩旦角色。《清风亭》是周信芳院长成名之作，配演贺氏的"江南第一名丑"刘斌昆，两位前辈名家共同创造了这一艺术价值很高的经典剧目。改革开放后，上海京剧院重排此剧，周先生的哲嗣周少麟主演张元秀一角，刘先生年迈已不便登台，贺氏一角就由王梦云和孙正阳分别扮演。前者走的是正宗老旦路子，而孙正阳则是遵循刘斌昆先生的演法，按彩旦路子。以前，他没有演过此角，1985年，他首次尝试为周少麟配演，也相当成功。特别是最后一场，张继保坚决不认义父义母，竟用二百铜钱打发了十余年的养育之恩。二老用颤抖的手交替地指着那串钱，没有台词，但绝望之情表达得动人肺腑，充分表现了周、孙二位大名家深厚的艺术功力。《锁麟囊》

孙正阳（左）与周少麟（右）合演《清风亭》（一）　孙正阳（左）与周少麟（右）合演《清风亭》（二）

孙正阳（左）与周少麟（右）合演《清风亭》（三）

孙正阳（左）与李蔷华（右）合演《锁麟囊》

孙正阳与史依弘排演《锁麟囊》

是一出最有代表性的程派名剧，以前，曾因故事内容被扣上宣扬阶级调和的帽子，新中国成立后一直被禁演，程砚秋先生临终时都深感惋惜。八十年代此剧开禁，仍健在的程派名家赵荣琛、王吟秋、李玉茹、李世济、李蔷华等相继上演。孙正阳又重新拾起梅香这一角色，当年在学校和搭班时，他多次陪顾正秋演过，其后就一直搁置。1982年1月，李玉茹复排并公演《锁麟囊》，孙正阳责无旁贷地配演梅香，舞台效果相当好。从此，他就常演此角，先后陪演过钟荣、李佩红，直到为史依弘程派梅唱保驾，此角也成了孙正阳彩旦行当另一品牌。他的学生徐孟珂、严庆谷出演此角均按其路子，同样甚得好评。除了上述一些彩旦行的重要角色，孙正阳对一些很次要的小角色，也有其独到的创造。例如《失子惊疯》中的山婆，本来只是一个比上下手略大的小次角，但他演来却能满台生辉。笔者看过李国静的《乾坤福寿镜》，为了扶植后辈，尚长荣出演金眼豹，孙正阳出演山婆。两人的一场对手戏势均力敌，精彩纷呈，赢得了满堂彩声。还有《能仁寺》中赛西施，通常说来是个很不重要的角色，一般情况下，当家大丑绝不会去承担这样的小活。但孙正阳却不是，他不但肯演，还演出了俏头。难怪业界常说，不管什么角色，只要是孙正阳演，就一定会演出光彩。当然，最有价值的要算主演的刘姥姥，应该可算彩旦行的顶峰之作了，为孙正阳的彩旦大全画上了一个圆满的句号。孙正阳的可贵之处在于它对此行的独特

孙正阳与尚长荣合演《失子惊疯》中扮山婆

孙正阳与尚长荣合演《乾坤福寿镜》一折

艺术见解，以及异于常人的表演特征。他认为，既然彩旦演的是女子，那么就应该主要以女性的特征展现在舞台上。这一点，他自幼就受盖三省先生的影响，日常生活中，他也喜好模仿老太太行走的姿态，逐渐通过舞台积累和领悟，形成了他独有的彩旦风格。他一生反复强调的就是：丑角是美的（第六章中将专门论述），所以从化妆、表演、唱念到舞台全方位都要体现一个美字。他特别注重，在台上要忌丑、忌俗、忌脏，他的彩旦戏滑稽中显干净，诙谐而不庸俗，让观众看得舒服。笔者常与一些老评论家、老戏迷、老票友们谈论，说到上海的丑角，有人喜欢刘斌昆，有人偏爱艾世菊，也有人钟情孙正阳。但有一点大家似乎皆有共识：彩婆子数孙正阳最好了。

戏班中有句谚语："角色无大小，全当正戏唱。"孙正阳在台上就是

这样身体力行的。史依弘就亲口对笔者说过："只要是孙老师上台，全场的气氛就活跃起来了。"他就是这样有光彩，有气场，有影响力，不管演什么小角色，他总是全力以赴，都能演出亮点来。《四进士》的师爷、《玉堂春》的禁婆、《翠屏山》的海和尚、《宋江题诗》的酒保，甚至《雁荡山》的号兵，他都能说出许多道道，都能演得与众不同，演出彩声来。他坚持"只有小演员，没有小角色"，不管接到什么活，他都要认真思考、琢磨，设法演出"爆头"来。我曾经半开玩笑地提出过疑问："孙老师，有人说您这是抢戏。"他不认同，并说："我和李玉茹、童芷苓搭档都是这样演，他们从来都没觉得我抢戏，真正的好角就希望配角铆上，这样才能把一台戏烘托得更精彩。"如果要准确统计一下，孙正阳究竟演过多少出戏，这大概是件比较困难的事，保守地估计，至少应该有二三百出。给人的感觉是，大凡流行的传统戏中的丑角，几乎没有他不会的。他戏路之广令人咋舌，方巾丑、袍带丑、茶衣丑、彩旦、开口跳无一不能，而且能演出各自的特色，绝没有"一道汤"之感。笔者曾好奇地做过一次反向统计，历数他自加入上海京剧院后没演过的传统丑角戏，仅发现只有《打瓜园》《时迁偷鸡》等几出武丑戏。我想他未必不会演，而是觉得戏份较重，尚未达到自己认定的艺术标准，不肯轻易贴演。作为一个真正的京剧艺术家，至少应该具备这样三个必要条件：一是本行当的大路戏大致都能演，而且能达到"一人千面"的效果；二是必须有数十出特色看家戏，明显有翘楚水平；三是有自己独到的艺术见解和风格，始终贯穿在每一个舞台形象中。孙正阳做到了，几乎任何行内角色，他都能胜任并演出光彩。他的《拾玉镯》《铁弓缘》《小放牛》《海周过关》《挡马》《七侠五义》《十五贯》等拿手戏，很少有人能与之比肩，而今的丑角则更难望其项背。他的艺术思想非常明确：丑中见美，他所有演过的角色无不体现这样一个明显的特征。这才是实至名归的艺术家，业内外公认其为"江南美丑"，后辈人无不钦服。行笔至此难免感慨，当今不少混迹于官场、商界、传媒中当红明星，仅会二三十出戏就自诩"艺术家"，接受一些对京戏尚未入门的权贵们吹捧。如此下去，还妄谈什么京剧的"振兴"？

三、漂泊异国

正在孙正阳京剧艺术至炉火纯青顶峰阶段时，这位老艺术家决定要去美国暂居，这一消息令同行和戏迷们都大跌眼镜。究竟为何原因大家众说纷纭，但多是无端猜测，孙老师至今也不愿谈及此事。当然，这是人家个人私事，不应过多打听，更不应有违传主本意凭臆想作不负责任的描述。但在改革开放后的出国潮，确实是个真实且又值得思考的社会现象，它的影响也波及京剧界。由于京剧的滑坡、不景气，不少青年演员加入了赴美、赴日的"淘金"行列，有些名演员也作了"赶时髦"的尝试。此事本无可厚非，人人都有对自己的未来作选择的权利，当时也有各种主客观原因，对以后的结果难以预料。笔者仅想对这一社会现象作非特定的广义分析，因为这毕竟是中国京剧史中一段小插曲，现在来分析其中的利弊，或许能从京剧文化与社会流程之间的关联中得到一定的启示。

改革开放为中国人民带来实实在在的幸福已是世人皆认同的不争事实，只有打开了国门，经济才能发展，社会才会进步。"文革"结束后，由于"十年动乱"的影响，我国与西方发达国家存在相当明显的差距，信息闭塞，经济落后，科学技术跟不上现代步伐，生活水平普遍较低下。为了尽快跟上时代，改变祖国面貌，在八十年代初，政府派出了一批留学生，出国学习先进的科学技术。这是一项切实有效的富国利民政策，为以后国家快速发展起到了无可估量的作用。最先出国的是科技界的中青年知识分子，开始时是由国家全额出资公派，并发生活补贴，政府为此项政策的落实，花去了大量当时看来非常珍贵的外汇。不久，欧美诸国科研机构很快就认可了这批科技精英的能力，并愿意由他们出资以奖学金或科研津贴等形式聘用中国学者。这样，去海外工作的队伍迅速扩大了，自费公派或是完全自费的出国形式逐渐替代了最初的国家派送形式。在八十年代，出国就业谋生是非常有吸引力的未来选择，形成了一股潮流,称为"出国潮"。

当然,这股潮流也必定会波及文艺界,影响到梨园行业。眼看着早期出国的人们事业上成就卓著,生活上迅速改善,京剧行内从业者未免心动。大家都同在知识分子的行列中,他人能这样做,我们为什么不能?况且,京剧的衰势日益显见,经济收入不足补给付出,已是多数业内人士共同感受,若要另谋生计,出国应是一个上佳的选项。可能会有这样的误导:只要有一技之长,在国外谋发展肯定比在国内强。于是,在一些受"出国潮"影响较大的一线城市的京剧演员们逐渐将想法付之于行动,赴美、赴日都有了一定数量的尝试者。开始是一些年轻人,后来队伍渐渐扩大,不少名家们也身居此列。除了孙正阳老师外,还有周少麟、黄正勤、马少良、华文漪、齐淑芳等已久享盛名的艺术家,还有一些前景极好的青年佼佼者,如雷英、言兴朋、刘子蔚等。再有一些剧团的中坚力量,单就上海一地去海外的就有陈同申、史洁华、袁英明、张秋伟、李金红、韩奎喜、丁梅魁等一些有相当发展前途的中青年演员。如果将这些海外兵团集中组成一个京剧团的话,肯定是全国院团中最强阵容之一。笔者丝毫没有任何非议他们的想法,每个人都应该有自己的思考和选择,也有各种不同的机遇和原因,更何况他们之中也有不少人觉得余生还比较满足,未必有什么悔意。但有一点想说明的是,科技界和文艺界有本质的不同。科技精英们出国,应该说多数在事业发展上是顺利的,因为整体水平上,欧美发达国家确实比我们强,自然科学发展的源流在西方。文艺界则不然,特别是对京剧而言,毫无疑义根子在中国。从理论上说,离开源头求发展,基本上是不成功的。当然,这不针对具体的人,或许有一些特别的例外,比如说齐淑芳,曾获得过"美国传统艺术最高成就奖"。但整体来说,应该可以确定:这些演员们如果一直在国内发展,单从艺术成就而言,肯定比现在在国外强。像华文漪的昆旦,雷英的张派青衣,言兴朋的言派老生,刘子蔚的长靠武生,当年就是中青年中的头挑人物,发展前景无可限量。而现在连演出的机会都难觅,观众们很少有见到他(她)们风采的时候了。与京剧团承包类似,京剧界的留洋整体效果也是负面的，经济领域的承包成功未必能为京剧团所模仿，科技界的海外创业更不能在传统戏曲界推广。

孙正阳老师赴美生活应该比其他人更困难一些，在年龄上、生活习惯上以及谋生技能上都相对更不适合。周少麟先生受过正规的高等教育，有良好的外语功底，其他年轻人则适应能力更强一些。孙正阳这一代演员，脑子里面装的全是戏，没有别的，到了一个不大听见京剧锣鼓声的世界中，难免有些茫然。当然，他在美期间，还是尽量寻找演出机会，与齐淑芳多次合作演出《柜中缘》《大英节烈》等，以及自己单挑《刘姥姥》那场独角戏，还与妻子筱月英反串过越剧《何文秀》。平时也是不间断地练练功，一方面是为了锻炼身体，另一方面，孙正阳确实放不下职业和终身爱好，他实在是太喜欢演戏了。一般说来，移居海外者的目的不外乎两个方面，发展事业和改善生活。科技工作者往往能够两者兼收，但对于文艺工作者特别是京剧演员，前者完全不可能，后者前景难卜，总之是个不大好的选择。据说孙老师当时并没有什么出国意愿，可能更多地是考虑子女们的未来发展，从家庭整体的权衡，才有这样的决定。筱月英老师是大家庭的主导，自成家以来，她无私地为整个家庭付出许多。她原是一个非常有发展前途的越剧新星，但为了支持孙正阳的事业和承担抚养教育孩子的责任，她毅然中断了自己的演出生涯，全心全意、事

孙正阳在美国演单场
《刘姥姥》

孙正阳在家中排练《小放牛》

孙正阳旅居美国

无巨细地操持起这个家。用筱老师自己的话来说："家务琐事实在牵扯精力，为了家庭，我渐渐淡出舞台。怎么说呢？有得有失吧。"整个家庭的和谐和幸福是筱月英首先要考虑的最关键问题。这样，老两口继续付出，来到了非常陌生的美国。为了生计，年近花甲的筱月英还需靠踩缝纫机补贴家用。这样一个成名的艺术家，还要在异乡从事体力劳动，真有点令人心酸。从艺术角度看，孙正阳在海外数年的寂寞生活是一个比较大的损失，如果当时仍在国内发展，一定还会有许多新的艺术创造，给戏迷们也会带来更精彩的作品。但从另一角度看，他的异国生活也并非完全虚度，且不说在美国还演出了不少场次，更重要的是开阔了眼界，增加的生活阅历和见识的新内容。现在和孙老师接触交谈，丝毫不见有旧戏班习气的痕迹，言谈举止完全是受教育程度颇高的文化人。当然首先是他一贯重视自己的道德修养，也因在美国期间，或多或少地在待人接物和生活方面受到了一定的熏陶和影响。

游子思归终究是人之常情。国家富强了，人民生活逐步改善了，许多年轻人尚且希望回国重新创业，更何况是像孙正阳那样传统习惯思维很深的老年人。几年后，孙正阳夫妇叶落归根回国定居了，同行们、戏迷们都很高兴，又能够看到一代名丑台上风采了。但事情并不如所希望的那样顺利，令人很不愉快的是，这样一个对社会做过杰出贡献的大艺术家,一时竟然没能落实单位和待遇。当然,这样的境遇当时还是普遍的现象,对归国知识分子的政策似乎没有一个明确统一的说法。在八十年代的出国潮中,高等院校和科研单位公派出国逾期不归者确有一定的数量。虽然各有原因,但对本单位而言或多或少都有一些的负面影响,领导们自然要有一定的措施制止这种行为的扩散。最常规的做法就是单位除名,也就是说,今后若是想回来也不能再回原单位了。这样断了归路,迫使不少人直至退休方归,对整个国家来说,这种做法未必有利。所以孙正阳一时还回不了上海京剧院。不管怎么说,这样对待成就卓著的老艺术家终为不妥。首先,孙正阳是退休前因私出国,不是公派后违约。其次,他对京剧界的贡献和影响力均非常人可比。再者,近期业内丑行人才奇缺,他的身体条件和艺术水平仍能在本行当中起顶梁柱的作用。而且,经历了国外的孤寂生活,孙正阳渴望着重登舞台,无论如何不应该让老人家产生失落的感觉。短暂的过程虽然难熬,但幸好当时任职的龚学平副市长出手相援,总算有了尚属圆满的结果。孙正阳在此期间,还有一段小插曲值得记录。孙正阳一生中合作最默契的有两个旦角,前期是顾正秋,中后期是李玉茹。人到了晚年,怀旧之情自然日趋加重,特别是1986年老同学聚会后,他加倍思念幼时的老搭档顾正秋。在美国时,他曾做过去台湾的努力,顾正秋也正式发出过邀请,但是因各种原因未能遂愿。回上海后,正好在家闲居时,在海基会董事长辜振甫先生的

协助下,孙正阳办成了赴台手续,首次登上了宝岛台湾。顾正秋与分别了四十多年的师弟晚年重逢,欣喜万分,与孙正阳合作演出了《汉明妃》《凤还巢》。两位老艺术家的精彩表演在台北引起轰动,台湾的京剧同行们

孙正阳夫妇在台湾与郝伯村合影

孙正阳与顾正秋在台湾合演《昭君出塞》

纷至沓来。李宝春先生在《汉明妃》一剧中担纲重要角色，一赶二，前演汉元帝，后演《出塞》中的马夫。从此后，孙正阳与他结下了不解之缘，一直合作。旦角名家魏海敏也要求与他合演《十八扯》《大劈棺》。正在此时，孙正阳接到上海来电，要求他立即回沪，参加纪念梅、周百周年诞辰的演出，并告知上海京剧院欢迎他重回原单位。于是，孙正阳匆匆结束了首次台湾之行，重新回到了上海京剧院，继续了他情系终身的氍毹生涯。

第五章
老 骥 伏 枥

一、退而不休

　　九十年代中后期，孙正阳已过了退休年龄，但他艺术创作的步伐丝毫没有减缓，人们都称赞他"越老越精神"。或许是在美国时间过长，对演戏有了饥渴的感觉，只要有登台的机会，不分角色大小，他都欣然应承，连《坐楼杀惜》中的妈儿娘这样的角色也演。不少年轻演员也争着邀请孙老师配戏，不但能提高上座率，而且还能增加舞台演出的热度。此时的孙正阳，艺术上已是达到炉火纯青之境，举手投足皆有戏，各类角色演来都得心应手，在台上的活跃程度丝毫不减，确实是宝刀不老。在这一阶段，孙正阳艺术活动的主要内容大致有几个方面：一是参加大型的名家合作演出，如与叶少兰、谭元寿、尚长荣等合演《群英会·借东风·华容道》，与马长礼、叶少兰等傍李尤婉云演《凤还巢》，参加上海京剧院建院五十周年纪念演出等。二是与台北新剧团李宝春等合作演出，历时十余年，合作剧目有：《奇冤报》《试妻大劈棺》《巴山秀才》《十五贯》《孙安进京》《一捧雪》《打渔杀家》《柜中缘》《野猪林》《法门寺》等。三是重新创作改编了全本大戏《十五贯》，把一出原以老生为主的经典剧目改编成生、丑并重的"对儿戏"，先后与名家陈少云、李宝春同台演出。

孙正阳与叶少兰合演
《凤还巢》

孙正阳饰演《试妻大劈棺》之二百五　　孙正阳饰演《十五贯》之娄阿鼠　　孙正阳饰演《法门寺》之贾桂

　　2000年11月28日傍晚，逸夫舞台门前挤得水泄不通，第二届中国上海国际艺术节举行了一场重量级的京剧名家演出。戏码是经典骨子老戏《群英会·借东风·华容道》，演员阵容堪称当代最为强大，叶少兰饰周瑜，谭元寿饰鲁肃，尚长荣饰曹操，李长春饰黄盖，言兴朋饰孔明，关怀饰关羽，奚中路饰赵云，孙正阳饰蒋干，全台都是超一流名家。平时颇为冷清的京剧舞台一下子火了起来，新老戏迷们纷至沓来，福州路云南路口熙熙攘攘，人头攒动，一票难求。这样的热闹笔者是决不会错过的，该剧我看过许多次，上述的主演所饰的角色基本都很熟悉，但孙正阳的蒋干从来没看过，这也是我这场戏的一个重要看点。整场演

名家合演《群借华》说明书

孙正阳与谭元寿合演《群英会》

出果然不凡，名家们各尽所能，精彩纷呈，观众们掌声不断，场内气氛非常热烈。与这些大腕同台较劲，孙正阳毫不显弱，他演的蒋干自然、松弛，愚蠢中还略显可爱，与北派传统演法相比却另有一功。萧长华先生是丑行泰斗，他扮演的蒋干自然是楷模级水平，《群英会》艺术片中有完整的记录，也是后辈学习仿效的标准版本。其后马富禄、孙盛武、茹富蕙等名家，笔者仅闻其声，没有在舞台上见过。南方的刘斌昆、艾世菊的蒋干倒是现场观看过，但那时年少不大懂戏，只觉得好，却记不得其中细节。改革开放后，看过在后一代的名丑寇春华、黄德华、郑岩等人演的《群英会》，他们都比较严格地宗法萧先生，观后感觉不错，但未能留下较深的印象。再后来的年轻演员演的蒋干，说实在话，真觉得不是那么回子的事儿。相比之下，武丑行倒是出了一些年轻才俊，但蒋干、汤勤一类角色似乎没人能演得好了。孙正阳的演出令我眼前一亮，可以说，这是我近期看到的最佳蒋干。他的表演规矩中又略显洒脱，动作幅度稍大。在刚进周瑜卧帐中溜达时，听见外面的动静，走了两个软翻身入帐；盗书后出帐念信，读罢翻袖软跌坐，以示蒋干惊讶之情；在仓皇出逃时，正与鲁肃相撞，翻袖拱手的身段滑稽有特色；

孙正阳饰演《群英会》之蒋干

蔡瑁、张允被杀后，他近前邀功，曹操离座大步相欺，他走的几个倒步也略显夸张。这些表演上稍过之处都是萧先生没有的，但看来觉得并不失规范，反显自然、毫不拘谨，秉承了孙正阳一贯独立的表演风格。唱的几句摇板节奏也

孙正阳与尚长荣合演《群英会》

比标准版本稍慢，行了几个低腔，略带点麒派味道，确有自己的特色。挨骂后的下场，加了两句"周郎他不肯归降，与我什么相干哪"，引来了哄堂笑声。总之，他演的蒋干，笔者是相当认同的。在"文革"前，孙正阳是否演过蒋干，我没有仔细查证过，但因刘、艾二位还活跃在舞台，即便偶尔演过，次数肯定极少的。1985年，纪念周信芳90周年诞辰，他与黄正勤、周少麟、王玉田、关怀等公演了《群英会·借东风·华容道》，这次应是大合作戏中第二次出演蒋干。可见，他不但彩旦戏、茶衣戏演得出色，方巾丑同样功力不凡，可以当之无愧地称为全才丑角。后来，上海七彩戏曲频道"精彩老朋友"栏目要为孙正阳做个专题节目，我作为孙老师的粉丝在节目中捧场。事先，和他沟通一下发言的内容，我希望谈谈看《群英会》演出的感受，孙正阳老师非常自谦地说："我的蒋干并不灵，这就不要说了。"我觉得不然，当然并不是奢望与萧长华先生相比，在台上演一个角色，只要突出了人物个性，让观众看得舒服、顺畅就是成功，孙正阳所饰的蒋干都做到了。

还有一次大型的演出也是孙正阳晚年艺术活动的重点，同样也是在2000年，当年是上海京剧院建院45周年。纪念演出举办得非常隆重，从3月30日到4月10日，在上海大剧院和逸夫舞台连演了十场大戏。4月1日，逸夫舞台日场的大轴是《武家坡·大登殿》童祥苓饰薛平贵，张南云和李炳淑饰前后王宝钏，开场是当时的青年新星史敏的《昭君出

孙正阳饰演《昭君出塞》之王龙

塞》，孙正阳为她配演王龙，他的学生严庆谷饰马夫。孙正阳的这出戏可称为他的压箱之作，在学校时得到萧盛萱老师的精心传授，一招一式学得非常仔细。而萧先生又是尚小云大师亲点的王龙，无愧是当世一绝。孙正阳毕业后，与师姐顾正秋合作得最多、最成功的也是这出戏。以至于到八十年代，师姐弟分别四十余年，在台湾重逢再次合作演出的还是《昭君出塞》。在上海京剧院，由于李玉茹不常演此剧，所以孙正阳也未多演，但他对该剧熟透在内心，非常有心得。对史敏来说，这出戏也是她相当喜欢，一直视为看家的剧目。她在学校就认真地向于永华老师学了此剧，并不刻意地效仿尚派演法，有她自己独到的见解和认识，至今始终看作自己的珍品。严庆谷当时正处盛年，跟斗翻得极漂亮，这三位忘年的角儿共同为观众奉献了一出精品之作。说来也惭愧，笔者作为孙正阳的老粉丝，在此之前竟然还没看过他的这一代表作。这次现场亲历，大饱眼福，甚至还有些震撼。孙老师此时已近古稀之年，台上表演驾轻就熟，洒脱灵动，表情、手势、台步、扇子功有机融为一体，丝毫未见老相。三人"编辫子"跑圆场的那场戏，满台飞舞，漂亮至极，眼前呈现出花团锦簇美不胜收的难忘场面。我强烈地感受到孙老师袍带丑的深厚功力，也再次体会到丑角的舞台美，情不自禁地赞叹：好一个"江南美丑"！同时，他还以前辈的身份谆告史敏：顾正秋的这出戏以及全本《汉明妃》非常有特色，希望她能好好继承下来。

4月7日，一出可以载入上海京剧史册的大反串戏《八蜡庙》在逸夫舞台公演，上海京剧院全梁上坝，排出了老中青结合的最坚强阵容：史敏饰褚彪，方小亚饰黄天霸，尚长荣、奚中路双饰张桂兰，何澍饰费德功，李蔷华饰施公，关怀饰朱光祖，李占华饰金大力，张达发饰小张妈，夏慧华饰关泰，唐元才饰贺仁杰，范永亮饰小姐，严庆谷饰丫鬟，孙正阳饰老家人秦义成。名家们都一改自己的专行，展现了多才多艺的本领和对京剧全方位表演的功力。最值得一谈的是孙正阳，他在剧中虽然只是扮演了一个不起眼的角色，但其唱念做舞引起了全场轰动。这个老家人本来戏份很少，但孙正阳演来则光彩四射，俨然像是一个正宗的麒派老生在唱《追韩信》。他一上场就不同凡响，仅两句"小姐一声唤，迈步到堂前"麒味十足，博得了满堂彩声。当然，最精彩的莫过于"追小姐"的那场戏。小姐被费德功抢走后，老家人焦急万分，犹如萧何听说韩信逃走一般，孙正阳边唱边舞，把麒派老生的风姿淋漓尽致地表演了一番。"此番小姐追得到……"几句散板和经典的圆场，把观众带入了《追韩信》的场景，最后他还不顾古稀高龄，摔了一个质量很高的"屁股座子"。台下掌声雷动，此时的掌声既是给孙正阳的，也表达了大家对周信芳院长创立的麒派艺术的内心喜爱和深刻怀念。在公堂上，老家院唱了六句流水向施公申诉冤情，观众们赞声连连："太像周院长了！"说实在的，我真没想到孙老师的"麒派"唱得那么好。以前，我曾在《十八扯》听他唱过一句"拜上了信阳州顾大人"，留下了难忘的印象。这次看到他唱念做舞齐全的反串戏，惊讶不已。多年来，在舞台上长期没有看到令人满意的麒派戏，这次算有了一分宽慰。流派的真正传承，还是要靠"见过真佛"的老前辈传帮带啊。

　　4月9日、10日，纪念演出的剧目是近期新编剧目《贞观盛事》。这是继《曹操与杨修》之后，上海京剧院引以为豪的成功新创精品剧目，列为尚长荣先生代表作"新尚三出"之一。该剧编剧戴英禄、梁波，导演陈薪伊，是上海京剧院精心准备、为庆祝国庆五十周年献礼的剧目，1999年6月在沪首演。剧中尚长荣主演唐代名臣魏征，关怀饰唐太宗，夏慧华饰长孙皇后，陈少云饰郑仁基，萧润年饰唐公公，孙正阳饰国舅长孙无忌。《贞观盛事》一剧与改革开放创建盛世的时代主旨非常合拍，艺术上也确有亮点和特色，创作又极度重视认真，演员阵容相当整齐。所以该剧公演后，好评如潮，屡获各类大奖，是上海京剧院的重要业绩之一。在剧中，尚长荣、关怀均有上佳的发挥，自不必细说。孙正阳扮演长孙无忌，在戏中是第一反派角色，他利用权势，霸占民女，大兴奢靡之风，并诱惑君王，欲陷唐太宗于不义，是个标准的奸臣（历史上长孙无忌是功绩卓著大唐开国元勋，凌烟阁上位列第一。不知剧作者因何缘故将虚妄的罪名强加其身，不能不说是该剧的主要瑕疵）。说实在的，这个角色真的很难演，他有极其尊贵的身份，却又有肮脏的内心。起先，孙正阳根本没有接这活的准备，尚长荣亲自登门，再三相请，才应了下来。此时他已年近七十，要塑造从未体验过的新角色，还要背许多台词，不能不说是一个新挑战。孙正阳以他丰富的舞台经验，用半老生半丑角的独创演法来表现，基本上没有插科打诨，始终保持一脸严肃。一般说来，我看孙老师演戏通常都很兴奋，但这出戏感觉有点异样。除了第一场击鞠场上的趟马，年逾古稀的孙正阳依然舞姿灵动，身手不减，显示了深厚的功力。后面的文场子，他似乎一直端着，没有以往的洒脱。或许孙老师对这个角色有自己的理解，或许长孙无忌就应该这样演，这才是真正的"一人千面"。这出戏是孙正阳晚年参与的一个新创剧目，演了一个自己从未有实践体验的角色，在1999年获"宝钢高雅艺术演员奖"，2003年获第八届中国戏剧节"优秀表演奖"，这对于一个七十多岁的老人来讲，是一件多么不容易的事。由于该剧第一场"马戏"很累人，孙正阳还因此腰腿受了伤。所以，他演出场次并不多，多数场合都由B角演员他的学生金锡华出演。

特别值得一提是孙正阳晚年还携手夫人筱月英参加了一次超大型的戏曲界的联合演出，即大型史诗剧《舞台姐妹情》。2013年，为了纪念越剧改革70周年，上海戏曲界组织了一次大型戏曲演出，宗旨是追述越剧发展史。在编导们精心策划下，一部"由越剧人自己讲述的舞台版口述历史剧"《舞台姐妹情》，于6月15日到20日在上海逸夫舞台公演了。这次汇演汇集了越剧界老中青九代演员，还有京剧、昆剧、沪剧、淮剧、评弹、滑稽各剧种名家倾情出演，年龄最长的老艺术家是94岁的周宝奎和93岁的徐玉兰，年逾八十的还有王文娟、孙正阳夫妇等近十人。这次演出可称"空前绝后"，是越剧发展史上一个有纪念意义的里程碑。不但轰动了上海，江浙一带的戏迷们也纷至沓来，渴望目睹这样的盛会，六场戏票当日就被抢购一空，创造了近年演出票房的奇迹。演员阵容超级豪华，云集

孙正阳饰演《舞台姐妹情》之倪三老爷

了14位梅花奖得主，19位非物质文化遗产传承人以及多位流派创始人。主角竺春花和邢月红由实力派演员担纲，分别是范吕派组合吴凤花、吴素英，尹袁派组合萧雅、方亚芬，徐王派组合钱惠丽、单仰萍。越剧界老艺术家有周宝奎、徐玉兰、王文娟、郑采君、金采风、尹小芳、筱月英、吕瑞英、张国华、曹银娣、史济华、孟莉英等，中坚骨干有赵志刚、许杰、华怡青、章瑞虹、陈颖、黄慧、章海灵等，还有京剧名家孙正阳、关栋天，昆剧名家蔡正仁，沪剧名家茅善玉，淮剧名家梁伟平，评弹名家秦建国，滑稽名家顾芗等。孙正阳在其中扮演一个恶霸倪三老爷，戏份并不多，但一上场就很显光彩，手中的皮鞭犹如耍九子鞭一样的挥舞，脚下典型丑角的台步，还走了个鹞子翻身，切住、亮相，观众报以热烈掌声。这场演出意义非凡，新老各剧种的艺术家们共同唱响了延续七十载的越剧舞台姐妹情，也是孙正阳这对恩爱老伉俪最后一次同登舞台的珍贵纪念。

二、与台北新剧团合作

如果说，孙正阳在中青年时期主要合作伙伴是李玉茹和顾正秋，那

么,他晚年的重要搭档就是台北新剧团的文武老生李宝春。他们之间的年龄相差近二十岁,原先并不相识。在李宝春还在戏校学习时,孙正阳就与其父李少春同台合作过。起因是孙正阳首次赴台演出期间,与顾正秋合演《汉明妃》,李宝春原是扮演汉元帝。在排练时,因《出塞》中扮演马夫的演员不理想,而这场戏又是全剧的重点。于是,顾正秋就提议:"宝春,你后面赶个马夫吧。"李宝春欣然允诺,他原是文武全才,这样,三人珠联璧合,把《出塞》一场演得精彩纷呈,观众们为之倾倒。从此孙正阳与李宝春不但成了艺术上的合作者,还成了心意相投的好朋友。李宝春对孙老师的艺术非常欣赏而且敬佩,对其人品也敬重有加,他十分赞赏孙正阳在台上全力以赴,在台下淡泊谦逊,并认定这是一个能长期合作的好伙伴。孙正阳也欣赏李宝春允文允武的艺术天才,更喜欢他孜孜不倦地创作"新老戏",为京剧的未来不懈追求。这样,两位各有独特风格的艺术家,频繁地来往于海峡两岸,携手合作了二十年,直到孙正阳真正地离别舞台。

孙正阳(左)与台湾旦角名家魏海敏(中)和二哥孙复治(右)

李宝春可称为京剧界的奇才，他的演艺生涯非常独特，此议题对京剧未来的研讨有一定的借鉴意义。他生于1950年，河北霸州人，是李少春先生之哲嗣。幼年入北京戏校，工文武老生，受业于王少楼、茹元俊等名师，打下了扎实的基础。毕业后在

台北新剧团当家老生李宝春

《杜鹃山》剧组饰演李石坚，后加入中国京剧院，曾与袁世海、杨春霞等名家同台。八十年代中期随"出国潮"移民美国，也经历了一段离开本行的痛苦日子（他自己称为"叫功等戏的日子"）。后于台湾政商大佬辜振甫结识，得到了"辜公亮文教基金会"的经济支助，开始了他自创、自编、自导、自演崭新的演艺生涯。他的赞助经费相当有限，所以不可能像大陆大剧团那样花几百万搞一出新戏。请不起名编剧、大导演，只能自编自导。他极度勤奋，从写作开始，连排带导，直至演出，每年至少两个新戏。在他领衔的演员阵容甚为一般的台北新剧团共同努力下，演出质量并不亚于大陆的许多大花费后的"大制作"。平均每年两出大戏，效率极高。他编演的戏大致分为三类：第一类是骨子老戏，仅有极少改动，如《群英会》《野猪林》《打渔杀家》《打金砖》等（仅在《上天台》中用了演唱五十多句的老版本）；第二类是根据现成的优秀戏曲剧本稍作改编，如借鉴川剧剧本改编的《巴山秀才》，根据国外威尔第歌剧改编的《弄臣》，根据现有的京剧剧本改编的《孙安进京》《曹操与杨修》等；第三类是最有特色的，称为"新老戏"，就是把经典的传统老戏有机地串联起来，变成整场的大戏。例如《陈宫与曹操》，将《捉放曹》《白门楼》串联而成，又如《赵匡胤》是由《千里送京娘》《斩黄袍》合成，再如《断密涧风云》是《虹霓关》《断密涧》两出戏连接成。这就是李宝春式的"新老戏"，用他自己的话来定义："在保留传统精华的基础上，包装成可看性

更强的剧目。"这样的剧目还有《奇冤报》《宝莲神灯》《孙膑与庞涓》《一捧雪》《试妻大劈棺》《阴阳击鼓骂曹》《长生殿》《渭南之战》《义薄云天》《逍遥津劫魏营》等。这些戏都是在完整保留经典剧目精华的基础上，加上了些新的现代元素，既能得到老观众的认同，还能培养一批新的京剧观众，在台湾和大陆都有一批支持者。

孙正阳成为李宝春团社加盟者，主要因为两人的艺术思维有共鸣点。他演艺一生，贯穿始终的特点就是不落俗套，力求创新，这点与李宝春非常吻合。另外，台北新剧团确实缺少一个能压得住台的丑角，孙正阳的名气、演技、为人皆优，令人的满意度是全方位的。于是，李宝春频频相请，孙正阳就成了台北新剧团的长搭档，往返于两岸演出长达近二十年。他与该团合作的剧目计有《奇冤报》《试妻大劈棺》《一捧雪》《十五贯》《巴山秀才》《孙安进京》《群英会》《法门寺》《打渔杀家》以及《十八扯》《柜中缘》《活捉三郎》等戏，主要是和李宝春同台，时而也和青年旦角新秀黄宇琳合作。一些传统老戏对他来说早已驾轻就熟，成竹在胸，要在台上闪光添彩应是不难的事。但要演一些新编戏，对于耄耋高龄的孙正阳确是不易之事，且不说别的，钻锅、背台词就是一道很难过的坎。在此孙正阳老师又显露了高人一筹的特长，他虽文化基础并不好，却有超强的记忆力，而且能根据舞台场景自编台词。通常他是先读熟了剧本，记清了台上的场景，许多台词竟能脱口而出，而且合辙押韵。这门功夫是靠他长年舞台实践兼个人天赋练成，使其能在如此高龄阶段，还能胜任新戏的编排演出，真是令人惊叹。

《孙安进京》原是六十年代，中国京剧院的一出新编历史剧，原名《孙安动本》，名剧作家翁偶虹根据同名山东柳子戏改编，李和曾主演孙安，景荣庆、江世玉、江新蓉等助演。该剧剧情动人，唱腔激越高亢，遂成为高派名剧。李宝春以此剧本为基础，进行了适度的改编，精简了动本的场次，加重了孙安的岳父黄义德的戏份。黄义德原是一个明哲保身的京官，在原剧中戏份较少，由里子老生扮演。新编的《孙安进京》将其改为位高的重臣，虽仍是求自保的秉性，但有相当的正义感，行当由老生改为丑行，以第二主角的戏份由孙正阳担纲。孙老师对这个角色是认真下了功夫的，他将其行当定位介于丑行与老生之间，在家念京白，朝堂上念韵白。上场的一段数板，用弹拨乐来打节奏，新颖别致。在规劝女婿不要动本的一场，两人有段背供念白，颇有内涵。孙正阳火候掌握甚好，把黄义德"饭吃三碗，闲事少管"的基本理念表现得分寸到位。在朝堂上，涉及孙安的生死，他又突出了其性格的另一面，显示了据理力争的正气。到后来，受了张从的骗，再见徐龙王爷之时，摘下了冠带，表示"豁出去了"。整个人物演来层次感分明，相当有特色。初演的成功没有使孙正阳满足，他觉得意犹未尽，应该加些戏核和亮点。后来重演此剧时，他再次显示了"麒派老生"的功力，演出了一段"变相"的《徐策跑城》。当黄义德听得女婿孙安将被问斩时，他急忙要去求徐龙王爷，这里边唱边舞，一段类似《跑城》的高拨子"湛湛青天不可欺……"唱得激动人心，再次表现了"麒派美丑"的精湛技艺。此剧每当演到这时，全场必报以热烈的彩声，这堪称"孙派"的绝唱，必将永远存录在孙正阳艺术宝库之中。

　　孙正阳、李宝春的珠联璧合，作品虽不能说个个精彩，但在观众中留下深刻印象的绝非个例。《巴山秀才》亦属二人共创的佳作，孙正阳又塑造了一个前所未有的新形象——位高权重、阴险奸猾的王爷。此剧移植于同名川剧，原由著名剧作家魏明伦编剧，是寓意深刻、有现实借鉴意义的好作品。李宝春将其改成京剧，屡演不衰，除了剧情曲折动人外，演员演得好则是更重要的因素。李宝春唱做并重，他演的孟登科相当出色，自不必说。孙正阳扮演的王爷，色厉内荏、貌似正经、内心阴险，表演风格非常独特。全剧中没有一句唱，全凭

孙正阳扮《巴山秀才》之王爷

念白，他一反以前爽朗利索的白口，句句念得阴沉沉的，使人感到冷气森森、毛骨悚然。把一个官场的老狐狸刻画得淋漓尽致，非常到位。一个耄耋老人还有这样的创造力，真令人敬佩不已。

《试妻大劈棺》是一出根据传统老戏《大劈棺》改编的"新老戏"，李宝春"一赶二"扮演庄周和楚王孙，上海戏校的青年教师赵群饰田氏，孙正阳在剧中饰演一个纸人"二百五"。此剧源于"庄子戏妻"的传说，本事见《今古奇观》第二十回，昆曲有《蝴蝶梦》传奇。庄周修道归来，为试其妻是否贞节，诈死。又化作楚王孙，借吊丧为名，挑逗田氏，并求与其成亲。拜堂时，谎称得暴疾，需人脑方可救治，田氏中计，劈棺欲取庄周之脑，庄周从棺中坐起责之，田氏羞愧而自缢。该剧在民国时常演，为童芷苓的看家剧目，当时刘斌昆为其配演纸人"二百五"，堪称一绝。因此剧"男尊女卑"的封建理念很重，且有粉色情节，戏改中明确把它列为禁戏，始终没有复排公演过。李宝春改编时将伦理反转，把庄周视作心胸狭隘不念情义之人，对田氏给予了一定的同情，最后让纸人"二百五"用大段数板表达了作者改编老本的立意。这样，孙正阳所扮演的角色又增加了许多新内容。一方面他要继承传统，把该角色纸人独有的特技表演好；另一方面，他还要把改编本的新意境充分发挥。孙正阳两方面都

孙正阳与李宝春合演《试妻大劈棺》　　孙正阳《试妻大劈棺》剧照

做得很圆满。扮演纸人绝非易事，形体动作需要经过特殊的训练，他虽在校时曾学演过，但毕竟这么多年不练，居然还能演得如此得心应手，不得不佩服其的功力扎实。最后一大段数板也是全剧的高潮之一，这也是孙正阳最擅长之处，充分运用了现代的语汇，爆头迭出，还拉出了一副"征婚"的红幅。原来的悲剧结果变成了笑剧，孙正阳、李宝春、赵群等共同努力，使这出"新老戏"获得了令人信服的成功。

他们的合作除了上述新编剧目以外，还有不少更动极少的骨子老戏，如《奇冤报》《一捧雪》《法门寺》《群英会》《打渔杀家》等。这些传统经典，孙正阳早已是轻车熟路，自然是发挥自如，演技已达化境。李宝春是个不断萌生新点子的创新型演员，总是喜欢在老戏中加上点特别作料。《奇冤报》堪称"伶界大王"谭鑫培传世之作，余、杨、谭、言诸派皆擅演。宝春宗的是其父李少春的余派路子，戏中该有的戏核和出彩之处本都有了应有的发挥。但他仍意犹未尽，加了许多新内容，可称为"新老戏"的亮点。刘世昌临死前本应有个"僵尸"特技，但李宝春尚嫌不够，增加了难度，摔了个高技巧的"吊毛僵尸"。最突出的是多加了一场刘世昌下阴曹，全场唱高拨子，用超长水袖载歌载舞，配上小鬼们的跟斗扑跌，场面十分火爆，凭空添加了一次剧情发展的新高潮。最后一段经典反二黄，他也不像传统演法垂着双手面无表情地"呆唱"，而是动作频频，声情并茂。特别是当张别古用脏水泼他时，鬼魂愤怒了，抓住老头，连欺数步。孙正阳不愧是舞台经验丰富的大行家，在台上随机应变，运用了《活捉三郎》中的倒步与其配合，突出表现了张别古的内心恐惧。《一捧雪》也是流传久长经典大戏，剧中生、旦、丑并重，相当吃功夫，余叔岩、马连良、周信芳等大师均以此剧叫座。李宝春

李宝春"新老戏"《奇冤报》剧照

141

孙正阳饰演《审头刺汤》之汤勤

孙正阳饰演《法门寺》之贾桂

选用了《莫成替主》《审头刺汤》《雪杯圆》几场全剧最精华部分，一赶三分饰莫成、陆炳、莫怀古三个角色，串成"李氏特色"的"新老戏"。前后两部分演法宗余派，一段"一家人只哭得如酒醉"的余派名唱，唱得酣畅淋漓，韵味十足。中间部分学马派，"审头"中几段念白火候、分寸都掌握得颇为得当。孙正阳的汤勤也是该剧的一个重要看点，在"文革"前，他基本不演此剧，因为这是刘斌昆、艾世菊两位老先生的专长。八十年代，挖掘传统复排此剧时，他和夏慧华、朱文虎、施雪怀等合作演出过数场。这次同李宝春合作，显得相当成熟、老到。《审头》中的念白阴冷尖刻，《刺汤》中展示了他演唱、身段以致扑跌的纯熟、过硬功夫，把汤勤这个阴险奸诈小人的性格特征刻画得恰如其分，再次证明了他全才丑角的实至名归。至于《法门寺》《打渔杀家》这些骨子老戏，孙正阳早有长年的积累，已入炉火纯青之境。所以李宝春始终不肯放弃这样一个优秀的合作伙伴，不停地邀请一个八十多岁的长者多次往返于沪台之间。另一方面，孙正阳原是个"痴戏如命"非常敬业的艺术家,只要演得动,他就不肯轻易离开舞台,同行们都说他"戏瘾极大"。所以,他一直演到八十五岁高龄,最后告别舞台的演出就是与李宝春同台演出的《法门寺》和《打渔杀家》,为自己非凡的艺术人生画了一个圆满的句号。

三、重排《十五贯》

孙正阳一生演出的剧目至少有数百计,基本都是为花旦、老生做配演,自己担任主角的戏却是屈指可数。《刘姥姥与王熙凤》《海周过关》是硕果仅存的"孙派"担纲戏,更值得一提的是他晚年的代表作《十五贯》。这原来是一出以老生况钟为主角的大戏,娄阿鼠只是一个重要配角。但此角经孙正阳重新再创作,演出后,这出大戏就演变成生丑并重的对儿戏。其中丑角的表演、唱念均极有特色,可堪称为传世之作。

该剧的故事源于宋代话本小说《错斩崔宁》,后由明代文学家冯梦龙编入《醒世恒言》,略有更动,改名为《十五贯戏言成巧祸》,清代剧作家朱素臣又将其写为传奇剧《双熊梦》。新中国成立之初,浙江国风苏昆剧团把它改编为昆剧《十五贯》,在杭州西湖边"大世界"小剧场演出,很受欢迎。不久便得到了各级领导的重视,给予扶持,接连在上海、北京等大城市巡回演出,引起轰动。毛泽东、周恩来等领导人都亲临观剧,给予了高度评价,称"一出戏救活了一个剧种",并指令拍成戏曲影片。于是,由著名导演陶金

孙正阳饰演《十五贯》之娄阿鼠

143

编导，被称为"百花齐放，推陈出新"的榜样影片《十五贯》于1956年问世。周传瑛主演况钟，王传淞饰娄阿鼠，朱国梁饰过于执，周传铮饰尤葫芦，包传铎饰江南巡抚周忱，李倩影饰苏戍娟，徐冠春饰熊友兰。同年，文化部又把此剧定为出访剧目，扩大传统戏曲文化的海外影响。据说，在浙昆赴京演出前，马连良先生也曾计划排演《十五贯》，请了著名作家老舍编写剧本，有名丑马富禄扮演娄阿鼠。正在排练之期，浙昆进京公演该剧，两位马先生都亲临观剧。在赞美钦佩之余，决定停排罢演，原因是周传瑛、王传淞等演得太好了，同排一戏似有不妥。马富禄亲口表示，我演娄阿鼠肯定不如王传淞。于是文化部把携剧出访的任务交给了上海京剧院。周信芳院长亲自带队，组织了强大的演员阵容，赴浙江学习《十五贯》。周院长主演况钟，孙正阳出演第二主角娄阿鼠，王金璐饰过于执，沈金波饰都堂周忱，赵晓岚饰苏戍娟，黄正勤饰熊友兰，刘斌昆饰尤葫芦。学成后，访苏演出以及在全国各地巡演均好评如潮。这样，该剧也成了上海京剧院的保留剧目，孙正阳从此就与娄阿鼠这个角色结了缘。

上海京剧院1956年演出的《十五贯》版本，完全是向浙昆学习剧目。周院长谦恭下问，认真向周传瑛学演况钟，其余演员都是一对一地向浙昆学习。孙正阳也是受业于王传淞，虽然基本念京白，但整体格局都是延承了昆剧电影版本。因为该剧的影响面很大，京剧以及各地方剧种都纷纷移植改编。1957年，中国京剧院李盛藻、王泉奎、曹世才演出了《十五贯》京剧版本。1961年，上海京剧院一团再次整理编写了该剧，由纪玉良主演况钟，孙正阳仍扮演娄阿鼠，但这次演出完全是京戏，而不是昆曲本了。（在笔者采访时，孙老师已不记得此事，可查阅当时的报刊。）地方戏有秦腔、豫剧、闽剧等许多剧种都移植过《十五贯》，在此就不一一赘述了。八十年代后，上昆、浙昆又重排该剧，大名家计镇华、刘异龙等领衔出演，经典名剧再次走红。这出戏思想性和艺术性均可称为上乘之作，主题倡导官场的清正廉明、严谨执法、平冤除奸，在任何时代都有积极意义。故事重点描写苏州知府况钟心系黎民，在冤案即将执行时，发现疑点，历经周折，力主重审。后经深入调查，反复勘验，并与凶犯巧妙周旋，终使冤案昭雪，真凶伏法。剧情一波三折，可看性很强。特别是名家们来演，戏人双保，始终很受观众欢迎。孙正阳对此剧一直情有独钟，对娄阿鼠这个角色的塑造也有自己的想法，按以前昆剧的演法总觉得不太过瘾。于是，在上海京剧院重排该剧时，他和老生名家陈少云携手合作，重新创作了京剧版的经典名剧《十五贯》，在学习王传淞的基础上又有了自己的创新。

1997年，上海京剧院重排此剧，由名编程惟湘在昆剧基础上改写剧本，金国贤作曲，陈少云、孙正阳主演，京剧版《十五贯》以新的面貌与观众见面了。新版剧本紧缩了场次，集中突出了况钟、娄阿鼠正反两个主要人物。全剧唱皮黄，增添了许多精彩的唱段，每场都加唱了幕前曲，加强了剧本的哲理性和现代感。结尾与原剧有较大的差异，在案情真相大白后又多了一个插曲：江南巡抚周忱认为应顾及官场颜面，要求暗箱操作，维持原判。况钟据理力争。周忱勉强同意却得了个"包公再世"的美名。况钟茫然，若有所思，全剧落幕。这一结局更动，褒贬不一。赞同者认为针对时弊有积极意义，否定者认为有"蛇足"之嫌。这问题与本书的主题无关，就不在此展开了。出演的演员阵容强大，除了陈少云和孙正阳主演况钟和娄阿鼠外，由名净张达发饰都堂周忱，陆柏平饰熊友兰，张啸竹饰苏戌娟，盛燮昌饰过于执，刘长江饰尤葫芦。灯光、舞美、布景等都有新的呈现，经全体演职人员的共同努力，精心创排，新的京剧版《十五贯》在逸夫舞台正式公演了。

首场演出就有很好的反响，文艺界的许多要人都莅临剧场，包括上海昆剧团大名鼎鼎的"鼠王"刘异龙，其中一个重要看点就是六十六岁高龄的老艺术家孙正阳将出演娄阿鼠。孙正阳真不愧是丑界泰斗，一出场便不同凡响，一段数板念出了满堂的彩声。这段"我娄阿鼠常在江湖走……"的数板，以前没有，孙正阳即兴自编自演，片言数语把一个江湖混混活脱脱地勾画出来了。在化妆上，他也有新的创意，认为以前满脸"瘌子"的扮相不够干净，所以，他仅在鼻子上画了一个小白鼠，不仅

"娄阿鼠我常在江湖走……"京剧《十五贯》孙正阳饰娄阿鼠

突出了人物的特征，脸谱也显得清爽别致。"谋财害命"那场基本上遵循老版本的演法，但孙正阳对表演的火候和分寸感的掌握显得格外老到，处处紧扣人物，并不像有些青年演员，为求效果，把娄阿鼠演成"娄阿狼"。"访鼠测字"一场是全剧的精华，也是况钟和娄阿鼠正反两方重点的对手戏，前辈的艺术家们对此已有过精心的研磨，表演几乎已经定型，颇难更动。孙正阳和陈少云的可贵在于是整体格局不动，而稍作添加之处突出了京剧版的特色。两人初遇时，况钟加唱了几句反西皮二六，寥寥数句把娄阿鼠引进了圈套。最值得一提的是，凶犯即将上钩时，舞台节奏突然放慢，添加了类似《磐石湾》的一段背供唱，放大了两人的内心较量，使正反双方的形象更加丰满了。这一小更动恰到好处，原来纯粹"做功"表演的一场戏，有这几句唱非常添彩。孙正阳全面展示了唱念做舞的技能，功力深厚，给后辈演员再演此剧提供了一个很好的范本。最后一场"冤情大白"，审问娄阿鼠已由况钟单审改为会审，孙正阳这段新创的"……早烧香，晚点灯……"的数板也是压轴的亮点，虽然是令人憎恨的凶犯，还是获得了满堂喝彩，这彩声是真诚地赞美老艺术家精湛的演技。孙正阳在剧中除了显示他全才丑角的功力外，还突出了海派小花脸的特征，许多地方巧妙地插入了沪语，说出了"搭得够""脚碰脚""捣糨糊""到提篮桥吃夜饭"等只有上海观众能会意的话。当况钟问他："测字先生测得可准？"他答："除了最后被逮捕的那场戏没测出来，别的都很准。"这包袱抖得绝妙，真不愧是舞台境界至上的语言

大师。全场戏娄阿鼠的戏份很重，年
轻人演来都会觉得很累，更何况是一
个年近古稀的长者。记者们以《台上
活蹦乱跳，台下捶背撑腰》为题报道
了孙正阳这场精彩的演出，这是他德
艺双馨境界最好的实际体现，也是他
晚年艺术火花再次绽放的经典例证。

　　孙正阳留下的影像资料比较丰
富，但多数都是他晚年时的作品，能
见到他青年时代舞台风采的影像却
很少。艺术电影类的除已熟知的《智
取威虎山》《磐石湾》《挡马》外，还
在盖叫天主演的《武松》中饰演快活
林的酒保柳槐，在童芷苓主演的《尤

"周瑜三气他诸葛亮……"京剧《十五贯》
中孙正阳的娄阿鼠扮相

孙正阳饰演《快活林》之柳槐，与盖叫天合演

147

孙正阳（左二）与刘斌昆、童祥苓
等合演《尤三姐》

三姐》中饰演贾蓉。八十年代，孙正阳还演过电视剧《断喉剑》，在《老法师绝招》中主演过老法师。其他的后期影像为数众多，大致计有《铁弓缘》《拾玉镯》《奇冤报》《凤还巢》《贵妃醉酒》《柜中缘》《十八扯》《活捉三郎》《青石山》《十五贯》等名作。最遗憾的是他盛年时的《海周过关》和《七侠五义》没有留下完整的录像，可以说是京剧丑行艺术的一个难以弥补的损失。

电视剧《断喉剑》剧照

电视剧《老法师绝招》剧照

148

四、他的学生和家人

孙正阳对京剧事业的贡献不仅体现在自己的艺术成就上，在教戏育人方面也有相当突出的业绩，他的学生人才辈出，为京剧丑行艺术的继承发展留下了不可磨灭的一页。他正式收徒是在"文革"结束后的1979年，第一次是由上海京剧院组织出面，举行了集体拜师的形式，孙正阳收了金锡华、韩奎喜、奚培民为徒，这是列入孙氏门下的首批弟子。其后，又陆续收了严庆谷、徐孟珂，以及更年轻的陈清河（台湾）、谈元（湖北）、王盾、阎润蕾等人。可以这样说，上海京剧院的丑行演员几乎都得到过孙正阳不同程度的教导和指点。孙老师在这方面确实是不计名利，有教无类，只要有人愿意学，他都乐意帮助。他对现今丑行艺术下滑的趋势非常担心，尽心竭力地为当今京剧舞台的弱势群体小花脸作支撑，在各种场合都反复强调丑行重要、丑行难学，为他本行的传承可谓是身体力行，费尽心血。在他的努力下，他的学生们也有不少出类拔萃，屡有艺术成果，本节依次逐一介绍。

金锡华，1941年生于上海，自幼随父学艺，1956年考入上海戏曲学校京大班，与李炳淑、杨春霞、齐淑芳等同科学习，师从李盛佐、阎世喜。

孙正阳（左三）和他的学生们[王盾（左一）、金锡华（左二）、郝杰（右一）、朱何吉（右二）、严庆谷（右三）]

金锡华和他的学生们

1961年毕业，进入上海青年京昆剧团，常与高青合作演出《柜中缘》《铁弓缘》等戏，颇受观众欢迎。后随《龙江颂》剧组加入上海京剧院，1979年拜孙正阳为师。并长期随名丑艾世菊学戏，博采众长，兼有"京朝派"和"海派"丑角之长，表演自然洒脱。八十年代后，又与朱文虎、夏慧华等合演了《一捧雪》，主演汤勤一角，甚得好评。他戏路宽广，会戏甚多，方巾丑、袍带丑、茶衣丑无一不能，彩旦戏尤佳。常演剧目有《审头刺汤》《金玉奴》《秋江》《拾玉镯》《大英节烈》等，还在新编剧目《贞观盛事》《青丝恨》等戏中担任重要角色。晚年技艺更见火候，始终活跃在舞台上，是京大班同学中至今唯一常登台者。2014年，被上海文广局评为非物质文化遗产传承人。2018年以77岁高龄，与史依弘（原名史敏）合作演出了《鸿鸾禧》，被称为上海京剧院的"不老松"。他身为孙正阳的大弟子，除了经常坚持舞台演出外，还从事了大量的教学工作，学生有虞伟、朱何吉、李建普等。

严庆谷，1970年生于上海，1981年考入上海戏曲学校京剧班，工文武丑，师从阎世喜。在校期间即是优秀尖子，曾以戏校学生的身份参加上海戏曲武功大赛，与史敏合演《挡马》，获大赛第二名。毕业后

丑行新星严庆谷

加入上海京剧院，得到孙正阳、艾世菊、刘异龙、陈正柱等指点，为院里重点培养的优秀青年演员，主攻文武丑、猴戏，兼演武生。常演剧目有《三岔口》《盗甲》《小放牛》《闹天宫》《打瓜园》等戏。1996年考入中国首届京剧演员研究生班，得以深造，1998年拜武丑名家张春华为师，技艺精进。研究生班毕业后回上京，主演大型神话剧《孙悟空大战盘丝洞》。2001年1月，以《盗甲》一剧参加全国京剧青年演员展演评比，获一等奖，同年5月以《盗银壶》一剧参加全国电视大赛，获最

严庆谷演老版《三岔口》

佳表演奖。2001年11月，自费赴日本神户大学留学，得到伊藤茂教授指点，学习"狂言"艺术。2003年，应瑞典斯德哥尔摩戏剧学院之邀，举办了为期一月的京剧讲座。2004年，主演《金刀阵》一剧，获全国武戏擂台赛银奖。2007年，自编、自导、自演京剧小戏《小吏之死》，荣获中国戏剧奖。2010年，创办了"小丑挑梁"演出栏目，开创了丑角挑大梁、丑角演专场独特的从未有过的演出形式，为改善丑行边缘化的地位作出了切实可行的努力。这一栏目一共演出了三季，连续演出两年，2017年的大戏《佛手橘》和"打成一片"，2018年的失传剧目《祥梅寺》和老版《三岔口》都深受观众欢迎。其中他还夹杂了两场命名为《胡扯》的京剧脱口秀，在传统京剧基础上融入了现代文化的元素，丰富了此栏目新内容。2016年正值猴年，他推出了系列猴戏演出《大圣来也》，演出了《闹龙宫》《闹天宫》《十八罗汉斗悟空》《五百年后孙悟空》《真假美猴王》《金刀阵》等一系列郑派猴王戏，皆为郑法祥嫡传弟子陈正柱和刘云龙亲授，使孤枝独秀的郑派艺术得到一线单传。严庆谷幼功扎实，文武兼备，

严庆谷主演《金刀阵》

孙正阳（左）与尚长荣（右）主持徐孟珂拜师会

表演清新洒脱，身段漂亮灵巧，完全符合他老师孙正阳"丑中见美"的要求。能戏极多，武丑戏有《盗银壶》《盗甲》《打瓜园》《九龙杯》《时迁偷鸡》《三岔口》《连环套》等，文丑戏有《海周过关》《秋江》《活捉三郎》《小放牛》《群英会》《审头刺汤》等，猴戏有《闹天宫》《借扇》《金刀阵》《弼马温》等。他非但台上光彩，在台下非常重视文化学习和京剧研究。他发表过十余篇戏剧论文，会外语，能自己当编导，对京剧理论有较深的理解，是一位真正的文化型演员。他还是上海京剧院年轻的非物质文化遗产的传承人。2018年，被评为"感动上海年度人物"提名奖。

徐孟珂，1977年出生，祖籍天津。幼入江苏戏曲学校，师从季鸿奎、郑维金等，工文武丑，打下了扎实的基本功，多次获得少儿京剧大奖。后加入江苏省京剧院，得到魏承武、张德山老师指点，技艺精进，尤以矮子功、甩发功见长。1997年，以优秀人才引进加盟上海京剧院，得到前辈名丑艾世菊、孙正阳的青睐，受到重点培养。2000年正式拜孙正阳为师，得以亲授，艺术水平上了一个新台阶。2001年参加全国电视京剧大赛，以《游街》一剧获银奖，同年考入第三届京剧研究生班，向张春华、钮骠、寇春华、郑岩等学艺，进一步深造。2004年进入中国京剧院，任丑角主演，常与于魁智、张建国、董圆圆等名家同台合作，演出剧目有《活捉三郎》《十五贯》《游街》《春草闯堂》《海周过关》《法门寺》《双下山》《小上坟》《小放牛》《三不愿意》《三岔口》《锯大缸》等。他文武兼备，戏

徐孟珂饰演张文远　　　　　　　　　　　徐孟珂演《春草闯堂》

路宽广,各类丑行戏皆能,还擅兼演猴戏。他口齿伶俐,表演幽默诙谐,唱念做舞俱佳,很有舞台光彩。特别在孙正阳精心传授的《十五贯》《海周过关》《凤还巢》等剧中,表演干净漂亮,很有"孙派"风范。他勤于思考,在富有创新精神和时代特征这些方面也酷似乃师,经常有突如其来的表演亮点,是一位不可多得的丑行当代精英。

孙正阳作为丑行"泰斗级"的人物,受其指点,得其教诲的丑角演员不计其数,遍于海内外。他生性热情,淡于名利,素来不讲究师徒名分,凡是向其求教的学生,他一律真诚相授。究竟有多少有名分的学生,他自己也记不准确了,但凡是上海京剧院的丑行演员,几乎都受过他不同程度的教授。年较长的一辈有金锡华、韩奎喜、奚培民、李瑞霖、白涛、张承斌、陈佩钦等,其后者有严庆谷、徐孟珂、虞伟、朱何吉、李秋明、殷玉忠等,再年轻一代有王盾、郝杰、阎润蕾等,他们大都向孙正阳求教过,也可以说都是孙正阳的学生。由于孙正阳的名声和威望,各地求教者也纷至沓来,受益较多颇有成就者有湖北京剧院年轻丑角谈元、台北新剧团的陈清河。谈元生于1985年,是湖北名丑朱世慧的弟子,曾获央视第五届青年京剧大赛银奖,是第五届青年京剧演员研究生班学生,京剧丑行后起的新星。他认真地向孙正阳老师学习了《海周过关》,决心把这出源于湖北且有难度的丑角戏再次在湖北重现光彩。陈清河是台北新剧团当家丑角，由于孙正阳常与该剧团合作演出，他得到很多当面向孙正阳讨教的机会，并正式拜了师。2005年，他和台湾旦角新秀黄宇琳以特殊身份参加中央电视台青年京剧大赛，以《活捉三郎》一剧获银奖。《柜中缘》《小放牛》等戏均得到了孙正阳的亲授。

自二十一世纪以来，孙正阳虽然还常活跃在舞台上，但主要精力渐渐转移到教学工作上，为传承发展丑行艺术作出了重要贡献。他不但身体力行地手把手执教，而且非常关心学生们的艺术成长，学生的演出活动，他几乎每场必到。2010年，严庆谷推出了"小丑挑梁"演出系列。孙正阳非常高兴，他以七十高龄亲自登场，演了半场《十八扯》，在谢幕时，他抑制不住内心激动发表感言说："丑角唱大轴，丑角演专场，是我毕生的愿望，以前没能做到，现在我的学生做到了。"当场有人提议给孙正阳"喜剧之王"的称号，他坚决拒绝，并强调要为京剧多做实事，别图虚名。除了参加这些大型活动外，学生们只要有演出，哪怕演个小角色，他总是不顾自己年迈腿脚不便，坚持到剧场观看。严庆谷在《十三妹》中饰赛西施，在《铁公鸡》中饰师爷，孙正阳都亲临现场。他对京剧的专注和敬业程度是现代的京剧演员不能想象的，一生中除了京戏，几乎没有什么其他爱好，舞台和剧场永远是他最爱去的地方，演得动就登台，演不动了就去看戏，甚至票友的戏也会去看。2014年，上海名票周炯儿在逸夫舞台演出全部《红灯记》，孙正阳老师亲临剧场从头到尾观看全剧，还到后台叮嘱周不要太紧张。周炯儿非常感动，每谈到此事，都对孙老师的艺德倍加赞赏。孙正阳的艺术贡献不仅在台上，在台下的业绩也是卓有成效的。2002年，上海戏剧学校举办了"孙正阳表演艺术研修班"，孙老师上讲台授课，一大批学员得以聆听受教。

孙正阳老师讲课

孙正阳获京剧艺术家终身成就奖 　　京剧艺术家终身成就奖奖杯和奖牌

2008年，孙正阳入选第二批国家级非物质文化遗产项目"京剧"代表性传承人，"孙派"艺术影响得到进一步的扩大。2011年，获第六届京剧艺术家终身成就奖。2012年，他被聘为上海文史研究馆馆员，从事京剧史料研究，艺术境界又得到理性升华。总之，孙正阳为了京剧事业，台上忙，台下也忙，年轻时马不停蹄，晚年老骥伏枥，呕心沥血地忙碌了一辈子。

　　孙正阳并非出身于梨园世家，父母皆为城市贫民，但他这一代的兄姐们，多数都择业京剧行。长姐孙君萍是他入行的引路人，也是孙家第一个正式的京剧演员。她就和过去的贫苦孩子一样，凭着能吃苦的秉性勤奋学艺，靠跑草台班子养家糊口，赚辛苦钱。经过不停歇的舞台实践，并靠着一定的艺术天分，她逐渐在杭嘉湖一带小有建树。更重要的她是孙正阳第一个京剧开蒙者，通过实际的舞台熏陶，把幼小的弟弟的艺术细胞激活了，造就了蜚声海内外的丑行大名家。大哥孙耀敏是上海京剧院的武丑演员，会戏甚多，舞台经验极其丰富，当年曾在《盖叫天舞台艺术》影片中扮演"小解子"一角。"文革"时期与孙正阳同在《智取威虎

155

山》剧组,扮演土匪八连长。他有一个绝活,使这样一个小角色也有一定的不可替代性。在最后一场开打,李勇奇的刺刀对准他时,头上一头披发一根根飘竖起来,把这一小土匪心惊胆战的心态刻画得入木三分,这样的头上功夫不是一般演员能做到的。三哥孙正田与他同入上海戏剧学校,工老生,后又同在上海京剧院就职,任里子老生。他除了舞台实践多外,且能编善导,有一定的文化基础,后就专职从事技术指导工作。孙正阳有二女一子,长女学越剧,子孙黎明就读上海戏曲学校,工老生,得到张文涓、汪正华等老师教授,曾演出过《击鼓骂曹》《武家坡》等剧。后自费赴美,进入商界。孙正阳的两个侄子皆为京剧演员(大哥孙耀敏之子)。长侄孙顺贵,幼时就读于上海京剧院学馆,工武生,师从郭坤泉、梁斌等。属学馆尖子学员,未毕业时就演出过《白水滩》《武文华》等剧。后加入上海京剧院,曾主演过《三岔口》《武松打店》等短打武生戏。在新编大型本戏头本《水泊梁山》中主演杨志一角,颇受欢迎。次侄孙吗咪,为浙江京剧团国家一级演员,初习汪派老生,拜著名女老生曹吟秋(筱月红)为师,得其亲授《张松献地图》《骂阎罗》《受禅台》等汪派冷僻戏。后改演丑角,擅唱能舞,会戏颇多。近期在新编神话剧《孙悟空大破玄虚洞》一剧中,出演猪八戒,充分发挥了他南派老生型八戒的特色,唱做并重,为全剧添彩不少。随着时代的发展,孙氏家人离京剧行也渐行渐远,他的外孙哈佛大学毕业,从事律师职业。虽然当今社会戏曲事业的职业工作者在相对减少,但京剧艺术始终是永恒不朽的,这样珍贵的中国传统文化遗产是永远要倍加珍惜、精心保护的。

孙正阳夫妇和子女们

第六章

丑 中 见 美

一、创新的艺术思想

在了解了孙正阳一生的从艺历程后,非常值得探讨的就是他整体系统的艺术特色。孙正阳从一个受观众喜爱的耀眼童星,辗转舞台八十年,直到成为众望所归的丑界泰斗,其成功倾注了他的毕生的心血。可以说,他一生演过的数百出戏,每出戏的展示、每一个角色的表演都经过自己反复琢磨、思考,其中的艺术内涵是十分值得总结研究的,也是京剧艺术的一笔宝贵财富。作为一个成熟的艺术家,首先要有系统理性化的艺术思想,也就是说,他在台上的各种表演始终贯穿长期积累且得以升华的艺术理念,这样的舞台形象和舞台实践才能得到公众的永久认同。孙正阳就是这样做的,他有自己明确的艺术思想和追求,简要可以概括成两个字:新和美。所谓新,就是每出戏都要有自己独特的新演法,哪怕是一句腔、一个字,不能和别人完全雷同。这就需要演员对戏中每一环节都经过自己的研究、思考,这是绝大多数演员做不到的。所谓美,就是要求舞台上每一个动作、每一个形象都力求漂亮,这对生、旦这些居中行当或许有一定的必要,但对丑行这样孜孜追求的大概也就是孙正阳了。

创新是任何事物发展的必需,京剧发展史就是艺术家群体们艺术创新的历史。谭鑫培、梅兰芳都是京剧真正的革新家,他们的创新已被社会高度认同,新型的精致的京剧雏形逐渐脱离了徽班的乡土气息。到了二十世纪,京剧发展至鼎盛期,余叔岩、杨小楼、马连良等形成了一批艺术大师群,京剧舞台繁花似锦,精彩纷呈,到达了至今为绝大多数业内外人士认可并仰望的艺术顶峰。其后,由于各种主客观原因,京剧和书法、篆刻等许多传统文化艺术类似,出现了不同程度的滑坡,随之成为需要特别强调继承和保护的非物质文化遗产,此时要理解和实践正确的创新就有很大的难度了。其实,创新的愿望是每个演员本能的反应,塑造角色就是希望与众不同,能有新意。但关键是新创的内容能不能得到公众长久的认同和历史的传承，这是需要经过时代考验的。一般说来，新生的艺术形式往往开始不为大家所接受，必须经历时间的考量。谭鑫培把老生唱腔韵味化，初期也受过非议，恭亲王就曾明确否定："听他的戏还不如去听青衣。"余叔岩把谭派艺术更精致化，也受到质疑，齐如山先生认为他只能得名于达官显贵，文人名士票房、堂会中。马连良曾被讥为"海派"，裘盛戎则被嘲为"妹妹花脸"，言菊朋、周信芳、程砚秋等当时更是多受诟病。现在这些大师们已经得到了历史的认可，基本上没人再对他们超凡的艺术水平表示怀疑了。以此可见京剧创新之难，成功之例应属少数，越轨胡搞却不乏其人，因多为当作垃圾被时代抛弃，连记忆都无存了。京剧界卓有成就的大名家，大多数都是创新成功者，除上述大师们，还有李少春、荀慧生、张君秋、盖叫天、李玉茹、童芷苓、袁世海等，他们皆有个人明显的独特表演风格以及专有剧目，并得到有效的传承。当然也有严谨偏重恪守规范、慎用奇招的艺术大师，如谭富英、杨宝森等，他们也同样受到广泛的崇敬和认同，但遗憾的是他们始终没有量身定做的自创大戏流传。

如果说，京剧名角大致可分为革新型和传统型两类的话，孙正阳毫无疑义地属于前者。他从小演戏就特别爱动脑子，喜欢琢磨戏理，在台上尽量演出新意来。这种秉性固然有较大的天赋成分，但后天的影响也很重要。他在学校时，受关鸿宾老师熏陶，搭班后，又长期与顾正秋、李玉茹、童芷苓等合作，这些都是典型的京剧革新家。所以，孙正阳的创新意识自始至终贯穿他的演艺生涯，每出戏都力求演出自己的风格和个体特征来。他有许多独创意念很强的代表剧目，青年时代的《小放牛》《拾

孙正阳夫妇合演《小放牛》

孙正阳饰演《拾玉镯》之刘妈妈

孙正阳晚年精品戏《十五贯》

孙正阳饰演《刘姥姥与王熙凤》之刘姥姥

玉镯》，中年时代的《海周过关》《智取威虎山》，晚年的《刘姥姥与王熙凤》《十五贯》，都明显地体现出"孙派"的个性特征。初成名时期的两个剧目，是上海京剧院当年重点推出的老戏新编的典型，是他和李玉茹经过仔细研究反复打磨的精品，既秉承了传统，又突出了丑角美的新意。中期的代表作完全是孙正阳独有的"专利"，不但首创成功，而且得到了后辈有效的传承，为京剧丑角艺术宝库增添了新的内容。晚年的大作品让丑行进入了大轴之位，那时孙正阳的艺术已形成了自己的系统，水平已达化境之界，但仍然是处处求新，场场闪光。孙正阳的创新还有个重要特点就是：每一个环节都不脱离传统的痕迹。他传统基础厚实，而且非常尊重京剧固有的艺术规律，所以他的创新才能被公众欣然

孙正阳与尚长荣合演《法门寺》

接受，并具有很强的生命力。另外，他还十分注重创新的分寸把握，任何舞台艺术形式的创新，都必须有个度，多一分则过之，少一分则不足，能控制到恰如其分就是真正的革新型的艺术家。孙正阳基本上做到了这点，所以他个性创新的表演才能为业内外大多数人接受。在出演一些经典骨子老戏，如《群英会》《法门寺》《奇冤报》等剧目时，他也总是力求出些新意，体现自身特色。他尊重前辈权威，但不迷信，始终追求找到最适合自己个性的表演，这是孙正阳最突出的"海派"风格。对此，也有些持老派观点的不以为然，他们更认同传统根基极厚的艾世菊，认为孙正阳"太过""好抢戏""不够正宗"。当然，这是仁者见仁、智者见智的艺术见解问题。客观地说，孙正阳的艺术确实已受到相当广泛观众的喜爱和赞赏。

如果说"新"是孙正阳艺术思想的典型体现，那么"美"就是他的永恒追求。他说过最多的一句话："丑角应该是美的。"这是他毕生的舞台理想。乍一听，这像是一个悖理的说法，丑和美本应是一个对立的概念。实际上，它是个有可操作性的艺术理念，就是说，丑角在舞台上要处处突出其美感来，这是孙正阳艺术的核心思想"丑中见美"。他的这一理念贯彻到舞台实践的每一个环节，从化妆、服饰、唱念、表演及武打无处不强调"美"字，这才造就了他一人千面、熠熠生辉的舞台形象。以前丑角的化妆比较马虎，孙正阳则不然，他认真得像生、旦上妆一样，先打底色，

再精心画脸谱，他认为小花脸脸谱应当也像大花脸一样，力求精美、有型、栩栩如生。他身上的服饰也相当讲究，不允许丝毫的邋遢随便，《小放牛》的牧童、《七侠五义》的蒋平，以至《凤还巢》的程雪雁的服装，都是他自己设计的独特打扮，突出了一个"美"字。丑角的唱一般被人认为可以比较随意，甚至故意黄腔、撒调也时常有之，只要能逗观众一乐。孙正阳反对这样做，认为这样违背了声乐之美，他强调要唱就好好唱，力求句句到位，绝不乱唱。念白更不能肆意胡说，要念出意境，念出情绪，这才有美感。表演是丑角的重中之重，孙正阳最反对在台上自我丑化，做出一种五官挪位、歪脖斜肩的丑态。即便是演反派角色，主要应表演出其内心坏，而不是外形上的丑化。孙正阳的每一句唱念、每一个动作，都经过自己认真的思考，他的内心始终存在一个严格的审美标准，这是他的艺术水准能节节上升最终成为"丑界泰斗"的重要原因。

二、妆扮的外形美

孙正阳饰演《凤还巢》之程雪雁

重视角色的外形美无疑是孙正阳艺术的一个主要特征，在论述这点之前，先讲述一个笔者亲历之事。大约在十年前某日，孙正阳为上海京剧院旦角新秀李国静配演《凤还巢》的程雪雁，笔者驾车送孙老师去剧院，他带了一个很大的拉杆箱随行。我甚觉奇怪问："这都是您演出用的行头吗？"他说是。我更为不解，演这样一个配角，竟要带这么多的私房行头，难道京剧院没有官中服装可用吗？孙老师对我解释：服装、化妆对演出是否成功很重要，许多角色他都用自己的行头，这样演起来顺当。这件小事，至少可以说明两点：第一，孙正阳对化妆、服饰非常重视、认真，不允许有丝毫差池；第二，他扮演角色的外形设计有很强的独特性，他宁可自制服饰，也不愿用官中行头来敷衍。而且他在演出前两小时就到了剧场，我也心存疑惑，一个演丑行的配角，化妆需要那么长的时间吗？他说，程雪雁虽是彩旦，但上妆要和旦角一样复杂，要打底色，勒头，贴片子，需要忙碌一大阵子。由此可见，孙正阳对舞台美学孜孜追求的程度。

　　一般观众们常误会丑角扮相比较随便，各方面都不是很讲究，其实则不然。特别是孙正阳尤为重视这一环节，从扮戏开始，无处不精雕细刻。他认为，妆扮不但要力求美观，而且要尽量传神突出人物性格。京剧丑行的脸谱和化妆有一整套的系统的规定，不是简单地在鼻子上抹个"豆腐块儿"就算完事。传统戏中各个典型角色都有其大致确定的妆扮，例如，《女起解》的崇公道中间的白块是腰子型，《群英会》的蒋干则是方形，其他还有椭圆形、枣核型、元宝型、筝型等脸谱形状，用于各类不同的人物。当然，孙正阳首先是严格遵循熟成的传统妆扮规则，但在一些细节上，根据剧中人的性格特征和自己的审美理念做出一定的调整。从形象美的基点出发，他相对较多地用丑角俊扮的形式，最突出的例子就是《小放牛》的牧童。这是他在新中国成立后老戏新演成功的首创，其中主要的亮点之一就是牧童的妆扮，他一改原来勾白鼻穿茶衣包的扮相，换成了俊扮戴斗笠，披棕色蓑衣，穿绿色彩衣的漂亮形象，配上载歌载舞的表演，给了观众极大的视觉美感。《勘玉钏》的韩臣

孙正阳饰演《女起解》之崇公道

孙正阳饰演《勘玉钏》之韩臣，与童芷苓

《法门寺·拾玉镯》中孙正阳所饰
"改邪归正"的刘媒婆

是个反派角色，他冒用张少莲之名骗奸了俞家小姐，正常理念自然将他
归入了丑行。但孙正阳演此角则用俊扮，他认为，韩臣之所以能诱骗俞
小姐成功，应该具有"小鲜肉"的形象，只要能演出他的内心坏，无需从
脸谱上丑化。孙正阳的彩旦戏久负盛名，他扮的婆子干干净净，从不在
脸上乱抹。正派的老太太，如《铁弓缘》的陈母自然如此。以前归为反
派，后又"改邪归正"的《法门寺·拾玉镯》刘媒婆也是同样，连《失子
惊疯》强盗的压寨夫人山婆、《六月雪》中势利的禁婆，都不在形象上丑
化。甚至《能仁寺》中的赛西施，一般都扮得非常丑，而孙正阳则绝不这
样处理，他非常忌讳舞台上的脏和丑。至于其后的一些新编剧目，孙正
阳也常演些反派的丑行角色，他在装扮上的处理则是尽量考虑用俊扮。
例如，《百花公主》的海俊是小生扮相，《贞观盛事》的国舅、《巴山秀才》
的王爷都是老生扮相，坏人无需脸谱化，他可以通过精到的表演展现剧
中人的心灵丑恶。

　　孙正阳始终认为，妆扮是演好戏重要的先决条件，在这一方面，最有
创意性、最能体现他的这一理念的代表性剧目有《柜中缘》《海周过关》
《十五贯》和《凤还巢》。这些都是最具"孙派"风格的剧目，其中的扮相

也是独特的,经过他认真思考经过精心设计的。《柜中缘》是从汉剧移植的新剧目,其中淘气是孙正阳扮演的重要配角,剧中人的身份是个乡下大孩子,简单、天真无邪、不谙世事。这样的角色应如何装扮?孙正阳认为,传统的丑角脸谱似乎不太合适,他的设计是:把眼窝、眉心部分都抹白了,单留出鼻子是本色的。这样的化妆在传统戏中极少见,既表现了淘气的愚钝,又不失朴素、善良。所配的服饰也别致、新颖,绿彩衣、红彩裤,胸边佩个白绸

孙正阳在《柜中缘》中淘气的扮相

巾,裆间露出黄腰带,头上戴个特制的小孩帽,上有紫红色圆绒球,脚下鱼鳞洒鞋,典型的色彩鲜艳乡下打扮。一出场就是一副滑稽相,引得观众哈哈大笑。《海周过关》是孙正阳自编、自导、自演的精品剧目,也是源于汉剧。剧中人是一个具有侠气且善良的江湖艺人,为了搭救忠良的家眷,不顾自身安危,与奸党刘瑾巧妙周旋。他虽归丑行,但是一个有义举的好汉,应有个与众不同的扮相。孙正阳的构图是,在鼻子上画一个横短竖长的白色小十字,类似兵器中戈的模样,隐含着仗义的侠气。他穿一身淡棕色的茶衣,配一个特制的箍帽,既精神又有江湖本色。当然孙正阳在该剧中的表演更是可圈可点,这里就不作细说了。《十五贯》是孙正阳晚年的扛鼎之作,其中精彩之处在上节已有详述,在此单说他设计的娄阿鼠的脸谱。此剧的老版本在剧坛享名已久,娄阿鼠这个十恶不赦的市井无赖的妆扮也有明确的定型。但孙正阳对此并不完全认同,他认为外形上作践并不算高明之举,也在一定程度上影响舞台美。因此,他勾画了一个京剧丑行中从未有过的脸谱,单在鼻子上画一个白鼠,没

165

孙正阳饰演《凤还巢》之大小姐程雪雁

有别的任何零碎，显得非常干净、传神，完全是装扮上的一个崭新创意，也体现了孙正阳一贯的舞台美学理念。《凤还巢》中大小姐程雪雁的扮相也是孙正阳的独创，别的演员演程雪雁通常都是丑扮，脸上抹得很难看。孙正阳觉得既然是年轻的千金小姐，不应把她的容颜丑陋作过分的夸张。他的化妆基本上接近旦角，抹粉红，贴片子，只是在腮上很滑稽地涂了两个红点，略微勾了下弯眉。这样，仍是小姐妆扮，同样穿旦角的服饰，塑造了一个迥然不同的程雪雁。这样的形象得到业内外一定程度的认同，如徐孟珂等青年演员演此角也遵循这样的装扮和表演。孙正阳在化妆和服饰上的创新并非刻意地标新立异，他自始至终贯彻了"丑中见美"的原则，这些独有的妆扮得到了观众们的首肯，并在舞台上有了一定的流传。

三、能唱善念

唱功是京剧四功五法之首，成功的京剧名家大多数都是以精彩的演唱而蜚声剧坛的，生、旦、净以及老旦、小生等行当均有形成流派的名唱传闻于世。相对来说，丑行的唱长期以来一直被忽视，也没有什么名段子流传。近年来，各种类型的京剧演唱会经常举办，各行当演员纷纷登台展现自己的名段，但几乎没有见到过丑行在这类活动中的身影。（仅记得在八十年代"行云流水"演唱会上，北京京剧院丑角演员白其麟唱过一段《法门寺》刘公道的流水板。）或许这就是行当特征所确定的定律，大家也习以为常了，似乎丑角的唱在其舞台表演上并不很重要。这造成了有些丑行演员演唱马虎，甚至黄腔黄调以博观众一笑的不良现象。其实，这样的见解有相当的误导成分，丑行的艺术大师萧长华先生就十分注重唱。他嗓音高亢，演唱有老汪派的韵味，《刺汤》中汤勤的一段二黄原板，《虹霓关》老军的一段西皮二六都是"萧派"的名唱，旋律大方动听且不油滑，称之为"生腔丑唱"。北京京剧院前辈名丑马富禄也是以唱功见长，他天赋佳嗓，每有唱段，都是彩声不断。现代的湖北京剧名家朱世慧，创演了一出丑角大戏《徐九经升官记》，大唱特唱，成了丑行展示唱功的典型剧目。可见，小花脸也必须重视唱，遗憾的是近年来有点被忽略了。

孙正阳也认为，丑角的唱很吃功夫，很关键。他在《谈戏说艺》中这样讲："一个好的京剧演员，应当唱念做打俱全，小丑也不例外，有人觉得丑角有点荒腔、凉调没关系，其实不然。"接着，他就以自己演的《十八扯》为例，说明了唱的重要性。孙正阳这出戏确实出色，其中唱了老生、花脸、小生、旦角诸多行当，还模仿了麒派、言派、叶派、程派等各个流派。这些段子，不但要会唱，而且要唱得好，必须要有扎实的演唱基本功。仅就那两句"上写拜上多拜上，拜上了信阳州顾大人"，一句言派，一句麒派，韵味十足，字字讲究，真不是一朝一夕能得来的功夫。更何况他还要学唱绍剧的司马懿，扬剧的诸葛亮，一出戏从头唱到尾，没有好的嗓子、好的乐感、好的演唱技巧，是绝对演不下来的。他的《凤还巢》显示了学唱旦角的本领，四句西皮摇板，把梅尚程荀四大名旦的唱腔都点到了，虽说有点夸张，但神韵犹在，实属不易。以上所述都是跨行的演唱，孙正阳对丑角本行的唱腔也很是讲究，唱得

孙正阳饰演《十八扯》之孔怀

孙正阳饰演《刺汤》之汤勤

孙正阳饰演《乌龙院》之张文远

相当到位。《审头刺汤》是很见功力的丑角代表作，特别是八句二黄原板唱腔，是丑行戏中少见的，萧长华先生最为擅长，北派小花脸都遵循他的范本。孙正阳这段唱有自己的特色，他避开了高音，却唱得很沉稳，第三句"莫老爷他待我……"的"马派"拖腔作了画龙点睛的发挥，最后一句忘不了展示一下他的海派特色："看起来交朋友要研究研究。"引来了观众的捧腹。《乌龙院》也是显示孙正阳演唱水平的一出戏，上场时四句四平调唱得略显油滑，表现出张文远的浪荡性格。其后与扮演阎惜娇的童芷苓有一段对唱，童的荀派唱腔别致有味，气势十足，孙正阳也毫不松懈，功力相当，使这出经典名剧有了一个闪亮的开场。《十五贯》中，娄阿鼠与况钟的一段背供对唱是孙正阳晚年的杰作，双方咬得很紧凑，与一个名老生在唱功上"对啃"，丝毫不落下风。孙正阳中青年时期嗓子很好，高亢响堂，且有磁音唱起来非常动听。《柜中缘》上场的一段流水"驴儿喂得滴溜溜的圆"总能唱出满堂彩来。总之，孙正阳对丑角的唱一直相当重视，绝无马虎，不管是戏中串戏，还是本行的演唱，他都认真投入，力求唱好。

对于丑角来说，念白比唱更为重要，在大多数场合都是靠念白来演示剧中人物。孙正阳咬字清晰真切，嘴上功夫极为出色，更兼有上佳的嗓音，听他的念白是音域上美的享受。再加上他善于表达人物情感，念得有层次，有起伏，常常一两句台词就会给人留下永恒的印象。《七侠五义》中就有多处体现，在解救大哥卢方寻短见时，一句"大哥，你纵有天大的委屈，也应先告诉小弟，怎能寻此短见呢？"念得极其动情。在《蒋平捞印》一折中的一句"我要捞不上这颗印信，还能称得起翻江鼠吗？"英雄豪情四溢，令人历久难忘。《柜中缘》中也不乏例证，淘气回家取东西时，妹妹因屋里藏着岳雷，不敢开门，淘气在外踹门，玉莲轻声对藏在柜中的岳雷说："我去开门了，你可千万别出声啊！"淘气隔着门听见了，竟傻乎乎地回了一句"你开开门，我就不出声了"真令人忍俊不禁。针对岳雷自叹："真乃不白之冤哪！"他马上"反驳"："你还不白？你要是

不白，我妹妹还会把你藏在柜子里面？"在给岳雷还礼时说了令人发笑的"大实话"："还礼还礼，我妹妹归你。"这些都是一些老观众常挂在嘴边的谈资。还有《凤还巢》中程雪雁的幽默："货色出门，概不退换。"《智取威虎山》中栾平的咬牙切齿："三爷，他不是胡彪，他真是共军哪！"《拾玉镯》中刘妈妈讽刺孙玉姣："别跟我来这一套，妈妈我干这事的时候，你妈还没生你呢！"这都是孙正阳精彩的白口给观众留下的永久的印痕。更体现丑角念白功力的是大段白口，最典型的就是《女起解》中崇公道与苏三的一唱

孙正阳饰演《女起解》之崇公道

169

孙正阳饰演《法门寺》之贾桂　　　　　　　　　　孙正阳饰演《连环套》之朱光祖

一念,好几段的大白口,不但要念得字字清晰,而且要念出身份,念出感情。这出戏孙正阳从童年时就演,一直演到耄耋高龄,幼时傍过顾正秋,常以此打炮。后来在上海京剧院,与李玉茹、童芷苓、李炳淑、夏慧华等都合作过,是一出滚瓜烂熟非常有心得的戏。他演此剧循规蹈矩,毫不油滑,很有分寸地表现了一个善良老者的性格。还有《法门寺》的贾桂念状,《连环套》中朱光祖劝黄天霸不要剿山的白口,这都是孙正阳扎实有功的体现。他念来轻车熟驾,既从容又有气势,如珠走玉盘,每念到此间,必有满堂彩声"回报"。孙正阳还有几个很有特色段子,在《朱痕记》中,他扮演一个连名字也没有的"甲差",但有一大段"……碗也打了,饭也撒了,侯爷怒了,二爷傻了,差点儿没把我们哥儿俩剐了……"的念白精彩至极,很为全剧添彩。笔者是六十年代初看李玉茹、汪正华演的此剧,孙正阳的这段念白留下了长久的回忆。以后我再看该剧,几乎所有"甲差"的这段白口,都没有让我感到有味道,引起兴奋过。《铁弓缘》中,陈母向匡忠提亲时有段大念白:"说起这把弓啊,我们老头子在世的时候……"也是孙正阳的绝活。他表现出陈母不好意思,欲言又止的心情,反复说了几遍,总能引得很好的舞台效果。念数板是丑角的特有项目,《打龙袍》中灯官报灯名,《打登州》中程咬金上场时念的那段"家住山东县东阿……",都是丑行练基本功的经典段子。孙正阳念数板是他念白技巧中最值得说道的强项，他的嘴上功夫从小就受到严格训练，念一些传统段子，如《奇冤报》的"张别古进庙门……"他手到擒来，字正音美，一气呵成。但他更擅长的是一些自编的新段子，《宋江题诗》中酒保的一段"浔阳江边浔阳楼……"真是刮辣松脆，回味无穷，为宋江的上场作了很好的铺垫。在《王熙凤大闹宁国府》中，他扮演家奴来旺，有三个单场戏，念他自编的数板，场场有彩，舞台效果极佳。孙正阳晚年杰作《十五贯》可称为集数板之大成，老版本并没有大念数板，孙正阳为了发挥自己的专长，他自创几段大数板。开场一段先声夺人："我娄阿鼠常在江湖走……"即清晰勾画出市井无赖的嘴脸。在下乡出逃的一场，也是一大段："下乡躲藏，气闷难当……我周瑜三气他诸葛亮。"这段编得精彩，念得更精彩，表现了娄阿鼠决心负隅顽抗。最后一场"公堂"上一段"……早烧香，晚点灯，每日吃斋念经文，做一个真善人"堪称经典，有豹尾击石之效，凶犯终于伏法，善恶必定有报。最有特色的一段数板要算是《试妻大劈棺》中"二百五"最后"劝师娘"，该剧是老戏新编，原来的二百五只是纸人，没有那么多的表演内容。新编后，丑角的戏份大大加重，最后一大段连唱带念，可谓压轴之作。为了让读者细细回味孙正阳创演的高明，将数板部分全录如下：

孙正阳饰演《铁弓缘》之陈母

孙正阳（右）饰《试妻大劈棺》中"劝师娘"的纸人"二百五"

171

"有人要是指责劈棺理不当,您可要理直气壮论短长。要是女人讲,您就把多年守寡的滋味让她尝一尝;要是男人讲,您让他们自己好好想一想。为什么女人在家生儿育女烧饭洗衣裳,大男人闲着没事开着汽车到处去逛荡。有了钱金屋藏娇去把二奶养,闲来时叫几个小姐卡拉OK把歌唱。劝师娘,莫悲伤,抬起头,挺胸膛,准备二次当新娘,让那些男尊女卑、歧视妇女、封建思想统统去埋葬,您杀他们一个回马枪。"

这段带有时代气息的大白话,是孙正阳自创自演,以"二百五"的身份一气呵成念出,剧场的热烈气氛可想而知。孙正阳身处耄耋之年,论常理应该连台词都记不住了。但他竟还能在台上创演新戏,若不是舞台经验极其丰富,怎能脱口就说出整段风趣且有哲理的新数板?如果一旦在台上打几个磕巴,岂不坏了一世英名?这样的奇迹可冠名为"孙正阳现象",其中敬业、功力、天分、经验无一可缺。作为一名大丑,韵白、京白都要念得好是基本的,还必须要能念各种地方方言。别看孙老师平时日常生活中只说普通话,连上海话都不说,但到了台上,各地方言都说得很溜。《玉堂春》中沈燕林的山西白,《四进士》中师爷的绍兴白,《武松杀嫂》中王强的山东白,《十八扯》中的扬州白都说得非常地道。"当代丑角泰斗"的盛名绝不是枉得的。

四、很会做戏

做功是丑行的核心技艺,小花脸的表演在戏中占了相当大的比重。孙正阳一贯有"很会做戏"的好名声,他的表演细腻、真切、漂亮、传神。他扮演的角色不论大小,都全力以赴,力求表演到位。就是说,他的演出,很能抓人,只要看到孙正阳在戏中出现,观众就会被他紧紧吸引住。《拾玉镯》是他的成名作,刘媒婆原应是次于傅朋的第二配角,但经孙正阳演后,几乎成了旦和丑的对儿戏。非常能体现孙正阳表演特色的就是刘妈妈进屋后盘问孙玉娇玉镯来历的这一节，短短的十来分钟，他处处带戏，掀起了全剧的高潮。他一进门，先探查玉镯的藏处，摸桌边，翻椅垫，放茶碗时顺手摸了下孙玉娇的手腕，这些动作都做得十分细腻、逼真。最令人难忘的就是刘妈妈模仿孙玉姣捡玉镯的那段戏，与众不同的是：整段动作中他多用的是旦角的身段表演，学得惟妙惟肖，最后一个跳坐上椅。每演到此处，观众无不轰动，剧场效果极佳。《十五贯》中《访鼠测字》一场是丑角体现

孙正阳饰演《拾玉镯》之刘妈妈

表演功力的重头戏，难度颇大。孙正阳复演此剧时已年近古稀，他的做工身段仍然一丝不苟，处处到位。刚见况钟，娄阿鼠窥测试探，说谎时手指不停地绕动，掩饰内心的紧张。首轮较量，况钟点穿他"偷了人家东西"，他面部抽搐，全身哆嗦，恐慌心理表现得相当逼真。当测字先生再度重击，说出被害人姓尤，他一个"斜摔"从板凳上倒了下来，做了这样一个老年人不可想象的危险动作，可以看出孙正阳何等的艺术功力，何等的敬业精神！最后一段"我好比鱼儿漏网，急匆匆游入海洋……"边舞边唱，结尾时面对况钟，甩袖、翻身、打拱，一套动作干净利落，十分边式。《智取威虎山》中的栾平，相信大家一定不会忘记，当时由于"三突出"的原因，反派的台词被一减再减，他的唱和念已经非常少了，之所以能够给观众留下永久的印象，全仗他精彩绝伦的表演水平。这出戏在第三章已有详述，这里需要强调的是，孙正阳在此剧中，每一个动作、每一句台词，都紧紧扣住人物，把唱念做舞有机地融为一体，塑造了各类活生生的舞台形象。

孙正阳表演出色还得益于他的武功基础。他主工虽是文丑，但翻

打扑跌的功夫不亚于专工武丑的演员，技巧动作干脆利落，很是漂亮。《铁弓缘》的陈母是个有艺在身的老妇，为了突出这一点，孙正阳在追石文时独创了一个"飞脚"亮相的动作。后来觉得还不过瘾，再走了一个"扫堂"加"旋子"和"铁门槛"，这样的"武化"表演，得到了公众的认可，现在的年轻演员同样效仿的不乏其人。《海周过关》的打九子鞭是孙正阳精心设计的首创，技巧难度很大，一般丑角演员很难胜任。孙正阳身手利索，游刃有余地边打、边舞、边唱，动作美不胜收，以超凡的能力完成这套繁复的表演，堪称丑行的绝品之作。《秋江》是李玉茹和孙正阳根据川剧移植的精品剧目，全剧名为《玉簪记》，描写道姑陈妙常突破封建礼教追求爱情的故事，是明代剧作家高濂的原作。《秋江》是其中一折，陈妙常逃出道观，追赶情人潘必正至江边，遇到善良热情的老艄翁，帮助她顺利渡江得遂心愿。剧中李玉茹扮演陈妙常，孙正阳扮演老艄翁。该剧是花衫与小丑的对儿戏，整出戏没有什么完整的唱段，全凭表演和念白，名家们演来，剧场气氛热烈，丝毫没有"温"的感觉。孙正阳的表演特长在此剧中得到了充分的发挥，凭着一杆船桨和各种身段，活灵活现地表现出在江上行舟各式姿态，何时行，何时停，何时快，何时慢，一系列的虚拟表演把二人行舟的过程描述的清清楚楚，令人赞叹不已。《秋江》是孙正阳常演的名作，除了固定搭档李玉茹外，还与杜近芳、童芷苓、张南云以及后辈陈朝红等合作演出过，也是舞台上长期流传的艺术精粹。演技最为繁复，表演难度最大的丑角戏大概要算《活捉三郎》了，它不但集丑角身段之

孙正阳饰演《秋江》之老艄翁

大成,还有许多绝技,是丑行剧目中登巅之作。当年筱翠花、马富禄合演堪称绝品,南方名丑刘斌昆也极为擅长。该剧的内容涉嫌迷信、恐怖成分,新中国成立后被明令禁演。1961年,挖掘传统剧目时,丑界前辈刘斌昆携同青年旦角林敏兰在天蟾舞台演过此剧,花甲老艺人精彩的演技轰动了上海剧坛。孙正阳在学校和搭班时期学演过此剧,三十多年也没有机会复习一下。直到八十年代初,童芷苓赴香港演出,打算重启这出封存已久的骨子老戏,约请孙正阳配演张文远。这是一个有挑战性的邀请,面对壮心不已永不言衰的老大姐、老搭档,孙正阳慨然应诺。两位老艺术家在香港演出了一场在京剧史上有纪念意义的佳作,至今仍保存有当年实况的录像。童芷苓技艺精熟,仍保持了当年卓绝的风姿,暂不赘述。单说孙正阳已过天命之年,还能驾驭自如地担纲这样的重头戏,而且演得如此出色,真令观众们惊叹。他的褶子功、腰腿功在剧中展现得淋漓尽致,踢褶、撩褶、叼褶各种技巧准确到位、毫无拖沓,矮步、踹步等丑行形体基本素养更是纯熟、老到,还做了"点蜡烛""踢假腿""提耙人"等高难度的绝活,业内行家均感到内心佩服,一齐竖起了大拇指。

孙正阳的表演舒展、大方、明朗,动作力求漂亮、干净。他孜孜不倦地追求舞台美,特别反对把小丑演得龌龊、猥琐等自我丑化的表演方式。他演正面人物,如蒋平、海周、陈母等,风趣、诙谐中不失正气凛然;演反面人物也不曲意地从形象上矮化、丑化,不能给人有"肮脏"的感觉。常听观众们这样说:"孙正阳演好人比演坏人演得好。"其实,这只是一种风格、一种艺术理念,他更重视的是美化舞台形象。孙正阳表演的另一特点是:他喜欢把戏做足,他演戏是外向型、开放型的。也有老观众对他的分寸感提出一定的质疑,认为他演戏嫌"撑"、嫌"抢",内涵略欠。但孙正阳老师认为,在台上的演员就是要让台下的观众过瘾,所以他一上场始终就是生气勃勃,在坚持把握人物和戏理的基础上,宁肯略"火"一些,也不愿把戏演松演温。这就是孙正阳的特色,他确信大多数观众对此是认同的。笔者这里借用《凤还巢》中两句戏词,略作小改:"喜欢我的人儿多,见我铆上都要笑。"

五、至善的为人

德艺双馨是衡量艺员们遵循行业规范的高标准要求，艺技出色自然能得到大众的喜爱，艺德高尚则更能受到广泛的敬重。孙正阳的人缘好在行业内是有口皆碑的，极少听闻有人会编排他的不是。他为人善良、热情，乐于助人，从不伤害别人。在台上演戏极度认真，从不"泡汤""放水"，也不计较角色大小，位分高低；在台下丝毫不摆名角架子，谦逊客气，平易近人。在台上他演小丑，插科打诨，满嘴戏话，"刺儿"颇多；在台下他却一本正经，举止斯文，言谈得体，从不说损话。他性格随和，宽容大度，与人为善，有很强的亲和力，很高的相容性。大家都愿意和他合作演戏，从幼时到老来，一直是一个很吃香的好搭档。

孙正阳一直有一个和睦的家庭，年幼时，生活在以他母亲为核心的大家庭里。他对母亲毕恭毕敬，唯命是从，除了演戏，其他都归母亲照管。发了薪水，全部上缴，身边甚至不留一点零用钱，不但从无想改变的企图，连怨言也没有。成家以后，家中事无大小，皆由妻子全权处理，自己一心扑在演戏上。生活上十分随意，除了夜宵时好喝上两口外，其他没有什么爱好和要求。后来，母亲去世，子女长大成人，他又和子女们长住在一起，组成了另一个大家庭。他除了对自己的演艺事业一丝不苟外，其余方面都很顾及别人，很少提出什么额外需求。现代社会，能始终坚持三代同堂组

孙正阳、筱月英夫妇合影

成的大家庭已经非常少了,这需要有足够的和谐度,其中当家人的宽容和随和起着至关重要的作用。从中也可看出,孙正阳的尊老爱幼都做得相当到位。在家中能做好这点已属不易,在工作单位也做到上下融通则更为难得,在上海京剧院孙正阳做到了。首先让人敬服的是他在台上的艺德。他酷爱京剧,十分敬业,上台总是全力以赴,什么大小角色都肯演,甚至在《雁荡山》中演个号兵也没二话。在建院时,他已经被评为文艺四级,正式进入高级知识分子行列。按说已有一定的身份,当然傍李玉茹、童芷苓应是理所当然,但他当年也傍过郭仲英、张南云、夏慧华等其时的年轻演员。到二十一世纪,子孙辈的新一代演员求他帮忙配演,他几乎是有求必应。其中有史依弘、董圆圆、李佩红、赵群、李国静、熊明霞、王艳以及邓宛霞等,所演的角色有刘媒婆、陈母、孔怀、程雪雁、梅香、"二百五",以至《失子惊疯》中的山婆。有人说,孙正阳戏瘾太大,但我还是很赞赏他提携后辈的善举,哪怕是顺便过一下戏瘾。孙正阳对待上级和师长辈历来是尊重有加,一直是领导们培养和重用的主流

孙正阳与熊明霞合演《乌龙院》

孙正阳与邓宛霞合演《挡马》

艺术人才。一般说来，有才能的人容易恃才傲物，孙正阳没有这一"陋习"，他提级、入党、重点培养，在京剧院一路顺风满帆，一定意义上说来，他对上级的"顺从"为他艺术才能的发展避开了人为的障碍。刘斌昆、艾世菊是丑行前辈，孙正阳对他俩很是敬重，在评级时，他主动提出刘先生级别应当在他之上。人们常说"同行是冤家"，但三位大丑同时窝在上海京剧院，却从未听说过有什么磕磕碰碰的事，不能不说是梨园行的一个例外。一方面，表现出孙正阳的尊长礼让；另一方面，也显示了刘斌昆、艾世菊二位良好的艺德。平时，与京剧院的同事们相处，他始终谦和宽容，从不斤斤计较，人缘好是大家皆知的。即便是在"文化大革命"斗争盛行的时候，他虽属于三名三高行列，却也没有受到过特别的非难，当然他也从来没有整过任何人。在八十年代初，是一个十分强调"尊重知识、尊重知识分子"的时期，当时社会风气相当好，人们真实的幸福感、获得感都很强。那时京剧出现过短暂的中兴，上海京剧院人才济济，张学津、童祥苓、李炳淑、李长春、齐淑芳、李丽芳等皆处盛年，大家都争相登台演出，似乎没有人愿意当领导、当团长。于是，上下都推举孙正阳当一团团长，觉得只有他才能搞得定，比较能服众。其实，当领导绝非孙正阳的特长，更不是他个人意愿，众望所归，他只能勉为其难地当了一段时期，据说效果还不错。一方面，说明了孙正阳的好人缘；另一方面，也显出了他随和、识大体的性格。

孙正阳在和老同学交往中也表现出相当好的亲和力，"正字辈"同学举办的各种活动中,他总是最活跃、最忙碌的人物之一。打小时候起,同学们都愿意与这位小师弟合作,无论是在"顾正秋剧团",还是"红旗青年京剧团",都少不了这位大小活都肯包揽的全才丑角。也因为他艺术上德才俱佳,在同学中一直留存下良好的口碑。孙正阳是个很念旧情的人,只要是老同学,他都肯帮忙,极少厚此薄彼。他和各地的老同学都联系不断,与关正明(武汉)、张正芳(辽宁)、王正堃、陈正薇(江苏)、顾正秋(台湾)等都保持着良好的合作和深厚的友谊。人到晚年,更加怀旧,"正字辈"的老人们有过多次有意义的聚会,孙正阳在其中充当了名副其实的"联络副官",从头至尾忙个不停。1986年,原上海戏剧学校毕业生舞台生活45周年纪念演出在沪举行,这是老同学们在离校后第一次集中合作演出,其意义非常重大。由于当时名角众多,场次安排、戏码确定必然会有一定的困难。孙正阳不但自己身体力行,三场戏天天上场,都是傍角,全力把主角同学的戏捧好。而且,他还说服老伙伴们以大局为重,不争排位,力求把这次有历史意义的纪念演出圆满完成。最终的结果非常成功,其中孙正阳确实做出了特有的贡献,他上佳的人品又一次得到了事实的印证。1999年,正值上海戏剧学校建校60周年,又逢顾正秋个人传记《休恋逝水》出版,老同学们再次在沪聚会,孙正阳担任了牵线人的角色。因为在1994年,顾正秋通过台湾海基会,特邀孙正阳赴台合作演出,老搭档在台北合演了《昭君出塞》《凤还巢》,这样两岸的"正字辈"同学真正有了实

孙正阳在正字辈纪念演出中与张美娟合演《青石山》

孙正阳的老同学、老搭档顾正秋

在的联系。以后才有上海文艺出版社为顾正秋自传签名售书活动，同时也有了这次同学聚会。2009年，在如今的上海戏曲学校举办了"纪念上海戏剧学校建校70周年"研讨会。这一次，健在的且能走动的老同学已经不多了。孙正阳就成了研讨会中的活跃分子，他在会上即兴表演，不但介绍了自己的艺术成就，还为张美娟、汪正华、施正泉、黄正勤等人的精湛技艺作了详尽的讲解。该研讨会在网络上已有实况录像，这是京剧史艺术宝库中重要的记载，也为孙正阳记录同学友情的动人故事画上了一个圆满的句号。

作为老艺人孙正阳，在有些理念上比较"老派"，他始终记着"观众是演员的衣食父母"，虽然这个时代过去已久。他对剧场中的普通观众很是客气，从无大角儿的架子。笔者亲自目睹过多次，剧场中间休息时，许多观众围着他，希望在说明书上签字。其时，他已经是耄耋老人，但他总是用颤抖的手，不停地满足大家的要求。这点是不容易做到的，并不是说有多难，而是因为这面对的是毫无利益相关的平民百姓，当今的红角们多数不屑这样做，有空闲多与达官显贵们交往岂不更有价值？笔者仅是个普通京剧爱好者，当年作为徐希博先生的助手协助编写《雪夜访贤》剧本，与汪正华老师有一段交往。认识孙正阳老师是在汪先生一次请客宴会上，我自幼便是孙正阳老师的粉丝，当然不会放过这样的机会，向他诉说了自己的仰慕和当年看戏的感受。后又有几次邂逅偶遇，没想到他居然记住了我，更意外的竟把我视作知音。二十一世纪初的一天，上海电视台《精彩老朋友》栏目要为孙正阳老师做一个节目，他主动给我打电话，邀我做这节目的粉丝嘉宾。我当然非常高兴，在电视节目中倾述了对孙正阳老师艺术的赞赏。当主持人叶惠贤问他,六个"傍角"谁讲得最好,将赠与一份纪念品留念。孙老师简单地说了句:"这个给老忻吧。"此时的场景久久地留在我脑海中,这是我的崇拜者对我真实的认可。就职业而论,我是京剧的圈外人;就地位来说,我只是一个既无权又无钱的退休老人。孙老师乐意和我交往,看重的是我对京剧的酷爱,对京剧的认知,以及对他丑行艺术的理

孙正阳先生与作者

解度,并不在乎我有什么社会地位。这就是他的为人,就是他对爱好者的态度,就是他在艺德界面上习惯性的反应。作为一个公众人物,不管他是高官,还是富商,或是明星,人们最看重的是他们是否平易近人,最厌恶的是其傲慢、不可一世的架势。在欲海横流的功利社会,只有少数人能做到这一点,而孙正阳确实做到了。当然,观众们对这样的艺术家也必定会有真诚的"回报",无论是在上海,在其他省市,甚至在港澳、台湾,只要孙正阳一登台,发自内心的彩声总是溢满全场。大家交口称誉的不仅是他超凡的艺技,也包括他的艺德和为人。这样的观众缘孙正阳感到满足。

孙正阳演戏上属于典型的创新型演员,在台上常出新招,总会给人眼睛一亮的感觉。但在做人方面却属于本分型,他安于自己的职业,安于自己所属的行当,安于平常的生活。他进入梨园行,专攻丑角是被选择的,开始并不喜欢。但他没有见异思迁,安于本行,认认真真地钻研实

践,在丑中演出美来。他作为职业的京剧演员,专注执着,全身心投入,脑子里面只有戏,几乎没什么其他爱好。交往的朋友极少达官显贵,基本都是业内外的京剧人,所谈的内容也都是戏,这样一门心思的敬业者已经极少有了。但孙正阳却安于寂寞,八十余年坚守在京剧这一不大景气的领域,兢兢业业地不停耕耘,心血和汗水一点一滴都印在现代京剧史上。这样的人生是令人尊敬的,孙正阳先生给社会留下的传统文化艺术精髓、恪尽职守的敬业精神、永恒不朽的舞台形象,一定会被人们永远记住——一位对京剧事业做过实实在在贡献的艺术家。

图书在版编目（CIP）数据

江南美丑：孙正阳传/忻鼎亮著. —上海：上海
人民出版社，2019
（菊坛名家丛书. 海上京剧名家系列）
ISBN 978-7-208-15804-7

Ⅰ.①江… Ⅱ.①忻… Ⅲ.①孙正阳—传记 Ⅳ.
①K825.78

中国版本图书馆CIP数据核字（2019）第061683号

责任编辑　李　远
封面设计　傅惟本

菊坛名家丛书·海上京剧名家系列
江南美丑——孙正阳传
忻鼎亮　著

出　　版　上海人民出版社
　　　　　（200001　上海福建中路193号）
发　　行　上海人民出版社发行中心
印　　刷　上海商务联西印刷有限公司
开　　本　720×1000　1/16
印　　张　12.25
插　　页　7
字　　数　159,000
版　　次　2019年6月第1版
印　　次　2019年6月第1次印刷
ISBN 978-7-208-15804-7/K·2849
定　　价　49.00元